Alanna Andrews

Desigualdade nos Estados Unidos: Cuidados de saúde sexual

AF670335

Alanna Andrews

Desigualdade nos Estados Unidos: Cuidados de saúde sexual

ScienciaScripts

Imprint
Any brand names and product names mentioned in this book are subject to trademark, brand or patent protection and are trademarks or registered trademarks of their respective holders. The use of brand names, product names, common names, trade names, product descriptions etc. even without a particular marking in this work is in no way to be construed to mean that such names may be regarded as unrestricted in respect of trademark and brand protection legislation and could thus be used by anyone.

Cover image: www.ingimage.com

This book is a translation from the original published under ISBN 978-3-659-89730-6.

Publisher:
Sciencia Scripts
is a trademark of
Dodo Books Indian Ocean Ltd. and OmniScriptum S.R.L publishing group

120 High Road, East Finchley, London, N2 9ED, United Kingdom
Str. Armeneasca 28/1, office 1, Chisinau MD-2012, Republic of Moldova, Europe
Managing Directors: Ieva Konstantinova, Victoria Ursu
info@omniscriptum.com

Printed at: see last page
ISBN: 978-620-8-61922-0

Índice

Capítulo 1

Introdução

Em todo o mundo, as mulheres enfrentam dificuldades extremas para manter o controlo sobre a sua saúde reprodutiva. O controlo sobre a sua saúde reprodutiva é um dos aspectos mais fundamentais da autonomia, especialmente para uma mulher. Para efeitos da presente tese, os cuidados de saúde reprodutiva/sexual serão definidos como o acesso a um médico qualificado, à contraceção, ao aborto e a uma educação adequada em matéria de saúde sexual. A relação sexual é um ato natural em que quase todos os seres humanos participam, mas só a mulher pode engravidar. Nos Estados Unidos, as mulheres têm extrema dificuldade em manter o controlo da sua saúde reprodutiva. Há uma série de restrições impostas ao acesso ao aborto e aos métodos contraceptivos, o que leva muitas mulheres a lutar e a sacrificar-se para exercerem controlo sobre os seus próprios corpos e vidas.

No entanto, as restrições à disponibilidade de cuidados de saúde reprodutiva não afectam apenas as mulheres. Todos os membros da sociedade americana são afectados pelas políticas de cuidados de saúde reprodutiva dos Estados Unidos. Os jovens americanos estão a ser mal informados sobre os perigos das relações sexuais e recebem informações distorcidas para influenciar as suas decisões sexuais no sentido de se conformarem a uma certa "moralidade". Possivelmente, os exemplos mais chocantes de discriminação são as leis promulgadas que tornam o acesso aos cuidados de saúde reprodutiva das mulheres com baixos rendimentos ainda mais difícil do que o das mulheres ricas. A luta entre moralidade e saúde sexual começou há quase 100 anos e as restrições impostas aos cuidados de saúde reprodutiva têm continuado com intensidade e até criatividade.

Tese

Esta tese avaliará as actuais políticas de cuidados de saúde sexual nos Estados Unidos no contexto dos direitos humanos e da igualdade, examinando o atual clima político relativo ao aborto, à contraceção e à educação para a saúde sexual. O último capítulo mostrará os efeitos negativos que a falta de acesso aos cuidados de saúde reprodutiva tem para os cidadãos americanos. Esta tese estabelecerá que as actuais políticas de cuidados de saúde sexual em vigor nos Estados Unidos promovem a desigualdade na sociedade americana, incluindo, mas não se limitando, à desigualdade de género.

O governo dos Estados Unidos desempenha um papel muito importante nos cuidados de saúde reprodutiva no país. Esta investigação inclui uma análise do papel do governo nos cuidados de saúde sexual. O governo tem um grande envolvimento em questões de saúde reprodutiva, pelo que as suas acções têm a capacidade de promover ou restringir os direitos das mulheres. As políticas adoptadas pelo governo resultam no aumento das diferenças entre as raças, os sexos e os diferentes grupos económicos. Esta informação acentua a falta de igualdade entre os membros da sociedade.

Metodologia

A análise avalia as políticas de cuidados de saúde sexual nos Estados Unidos, a fim de estabelecer que essas políticas promovem a desigualdade no país. Esta investigação foi uma análise teórica da informação recolhida. Para estabelecer a tese, foi necessária uma definição de trabalho de cuidados de saúde sexual; a saúde sexual foi considerada como o acesso a médicos adequados, abortos, contraceção e educação para a saúde sexual. Uma vez que o acesso a médicos é parte integrante tanto do aborto como da contraceção e dos cuidados de saúde, a questão do acesso a médicos foi abordada em referência a esses tópicos e não como uma questão individual. A tese está dividida em quatro secções: aborto, contraceção, educação para a saúde sexual e efeitos da gravidez não desejada. Estas secções também incluem uma subsecção "história" que abrange a história jurídica do tema em discussão.

Para investigar estas quatro categorias, foi necessário recorrer a uma série de fontes com informações prudentes. Algumas das informações mais importantes eram sobre as leis actuais relativas à saúde sexual e dados brutos sobre taxas de aborto, sistemas educativos, taxas de gravidez, etc. Foram utilizadas quatro categorias principais de fontes: documentos governamentais, dados recolhidos por organizações terceiras, estudos académicos e artigos de jornais. Para garantir a exatidão da informação, foram utilizadas fontes primárias sempre que disponíveis

A maior parte da investigação foi efectuada utilizando informação da Biblioteca da American University, que estava disponível para o autor na Internet devido ao seu estatuto de antigo aluno da American University. A base de dados de antigos alunos da American University contém muitos tipos diferentes de fontes, bem como revisões pelos pares dessas fontes, a fim de garantir a exatidão das informações fornecidas. Durante a investigação, o autor utilizou as bibliografias de artigos relevantes e fontes de terceiros para encontrar dados mais exactos e aprofundados.

Capítulo 2

Governo dos Estados Unidos

Para compreender verdadeiramente as políticas de aborto ou de educação sexual nos Estados Unidos, é útil considerar a estrutura do sistema jurídico. Os Estados Unidos são uma democracia constitucional. Isto significa que, apesar de ser uma democracia, a Constituição determina que certos direitos são absolutos e protegidos mesmo contra a vontade da maioria. Alguns dos direitos foram estabelecidos no projeto original da constituição e outros foram estabelecidos através de alterações à constituição. O que é importante compreender é que existe um sistema de tribunais federais que julga os direitos estabelecidos ao abrigo da Constituição e de outras leis estabelecidas a nível federal e um sistema de tribunais estaduais que julga as leis estabelecidas pelos estados e pelos municípios mais pequenos que neles existem. Embora os estados tenham o poder de promulgar as suas próprias leis, não podem promulgar leis que sejam inconsistentes ou contrárias às leis federais ou constitucionais.

Esta breve explicação do sistema judicial dos Estados Unidos é útil para compreender as inconsistências na forma como os estados administram e interpretam a lei federal relativamente a questões como o aborto e a educação sexual. Por exemplo, um sistema escolar pode conceber um programa que estabeleça como quer que os seus alunos sejam ensinados, ou não ensinados, sobre a sexualidade humana. Se uma pessoa ou grupo considerar que o programa viola uma lei estatal ou federal, pode contestá-lo em tribunal. Se a legalidade do programa ao abrigo da lei federal for posta em causa, o caso poderá eventualmente chegar ao Supremo Tribunal dos Estados Unidos. Qualquer decisão tomada pelo Supremo Tribunal estabelece um precedente para todos os Estados dos EUA (o facto de o programa escolar ter ocorrido no Alasca ou em Nova Iorque é irrelevante).

Americans' Abortion Views, by Education and Religion

With respect to the abortion issue, would you consider yourself to be pro-choice or pro-life?

	"Pro-choice"	**"Pro-life"**	**Net "Pro-choice"**
	%	%	Pct. pts.
National adults	41	50	-9
No religion	68	19	+49
Catholic	38	54	-16
Protestant/Other Christian	33	57	-24
Postgraduate	58	37	+21
College graduate only	45	53	-8
Some college	41	49	-8
High school graduate or less	33	53	-20

May 3-6, 2012

GALLUP

(Saad, 2012)

Capítulo 3
ABORTO

Introdução:

As mulheres têm lutado ao longo da história pela possibilidade de interromper uma gravidez indesejada. Atualmente, nos Estados Unidos, há uma guerra política entre defensores pró e contra o aborto, o que torna o aborto legal e seguro, mas para muitas é inatingível. A política dos Estados Unidos em relação ao aborto tem sido muito complicada, uma luta constante entre os governos estadual e federal. Esta luta resultou na instituição de mais restrições ao aborto do que nunca antes na história dos Estados Unidos (Rose, 2007). Estas restrições ao aborto trouxeram situações indesejáveis e stressantes a milhares de mulheres americanas e às suas famílias. Estas restrições não só têm um impacto negativo sobre as mulheres e as suas famílias, como também são prejudiciais para os médicos cuja função é realizar abortos seguros e legais. As actuais políticas de aborto em vigor nos EUA limitam a igualdade entre sexos, raças e classes socioeconómicas. Neste capítulo, serão discutidas as políticas de aborto nos Estados Unidos, as suas forças motrizes, a sua evolução e o seu efeito na sociedade americana.

História:

A primeira lei federal relativa ao aborto só surgiu na década de 1870, quando o Congresso aprovou a Lei Comstock de 1873. A Lei Comstock proibia a distribuição de materiais "obscenos" (materiais que podiam ser usados para contraceção ou aborto), proibia também a importação desses produtos do estrangeiro e a utilização do sistema postal federal para transportar produtos "obscenos" (Lei Comstock de 1873, sin fecha). O governo começou o seu envolvimento na política do aborto limitando severamente a informação e os cuidados preventivos de que as mulheres necessitavam e desejavam. Pouco depois de a Lei Comstock ter sido legalizada, o movimento anti-aborto começou verdadeiramente a tomar forma.

Antes do envolvimento dos médicos na saúde das mulheres, estas dependiam estritamente das parteiras, que eram geralmente mulheres (Rose, 2007) formadas na arte de prestar assistência ao parto em condições de segurança (Midwifery, 2013). No início do século XX, os legisladores estatais começaram a apoiar os médicos privados em vez das parteiras. Durante esse período, foram aprovadas várias leis para proibir a obstetrícia, tornando ilegal que qualquer pessoa, exceto os médicos, realizasse serviços de aborto (Rose, 2007). No entanto, algumas parteiras que tinham efectuado abortos antes das proibições continuaram a praticar ilegalmente. A reação do governo a estes abortos ilegais ocorreu na década de 1940, quando começou a punir não só os fornecedores de abortos, mas também as mulheres que se tinham submetido ao procedimento (ibid.).

Esta passagem da dependência das parteiras para os médicos privados teve muitos efeitos duradouros nos cuidados de saúde das mulheres. Uma das alterações mais devastadoras foi a transferência do controlo das questões relacionadas com os cuidados de saúde das mulheres para os homens. Uma vez que as parteiras tendem a ser mulheres e não homens, enquanto os médicos privados eram e continuam a ser maioritariamente homens, as mulheres foram despojadas da relação íntima e compreensiva que tinham frequentemente com as suas parteiras (Rose, 2007). A proibição das parteiras deu aos homens mais controlo do que nunca sobre a saúde das mulheres. Apesar de os médicos privados praticarem o aborto, muitas mulheres não tinham possibilidade de o fazer devido aos elevados preços cobrados. As mulheres mais pobres eram obrigadas a recorrer a abortos ilegais porque as parteiras, ao contrário dos médicos, permitiam um sistema de troca para as mulheres que não podiam pagar pelos seus serviços (ibid). Desde a proibição das parteiras, as mulheres nunca mais recuperaram totalmente o controlo dos seus direitos reprodutivos.

O primeiro caso importante na história do aborto foi *United States v One package (1963)*, aceite pelo Tribunal de Recurso do Segundo Distrito dos EUA em 1936. Depois do *caso One Package*, a distribuição de dispositivos contraceptivos para efeitos de cura ou prevenção de doenças passou a ser legal (Rose, 2007). *O processo United States v One package (1963)* permitiu que as mulheres obtivessem cuidados de saúde sexual que tinham sido considerados ilegais ao abrigo da Lei Comstock. Lenta mas seguramente, os defensores dos direitos das mulheres foram concedendo exceção após exceção à Lei Comstock, tornando-a efetivamente obsoleta.

Cerca de trinta anos mais tarde, outro caso histórico do Supremo Tribunal abriu caminho a cuidados de saúde menos restritivos para as mulheres. Em *Griswald v. Connecticut*, o Supremo Tribunal decidiu que o Estado de Connecticut não tinha o direito de proibir a venda de contraceptivos a mulheres casadas. O Tribunal decidiu que os Estados não tinham o poder de invadir a vida privada de casais casados para os impedir de tomar decisões privadas sobre o seu planeamento familiar (Rose, 2007). O aspeto mais importante deste caso foi o facto de o Supremo Tribunal ter reconhecido oficialmente o direito à privacidade que está implícito na Constituição dos Estados Unidos (ibid.). O reconhecimento deste direito ampliou a interpretação da Constituição e tem sido, desde então, uma plataforma para os activistas dos direitos das mulheres.

O caso mais importante relativo ao aborto nos Estados Unidos é *Roe v Wade (1973)*. Em 1973, o Supremo Tribunal legalizou o aborto com limitações. O Tribunal ponderou o equilíbrio entre os direitos da mãe e os direitos do feto. O Tribunal determinou que uma mulher tinha o direito de abortar, independentemente dos seus motivos (em virtude do seu direito à privacidade, tal como concedido em *Griswald*), durante o primeiro trimestre de gravidez. Devido a *Roe*, as mulheres também têm o direito de fazer um aborto durante o segundo trimestre, antes da viabilidade, nos casos em que o aborto é necessário para proteger a saúde da mãe. No entanto, durante o terceiro trimestre, que é depois do momento da viabilidade, o governo tem o direito de proibir um aborto para proteger os interesses do feto. Segundo *Roe*, os abortos no terceiro trimestre de gravidez só são permitidos quando a saúde da mãe está em perigo (ibid.). O Supremo Tribunal deixou diretrizes a serem seguidas pelos profissionais médicos.

Roe v Wade (1973) concedeu às mulheres o direito inegável de optarem por fazer um aborto antes do momento da viabilidade. No entanto, a redação da decisão também permitiu que os anti-aborto promovessem a sua agenda e limitassem o acesso ao aborto. A decisão do Supremo Tribunal concentrou-se em não impedir a escolha de uma mulher de fazer um aborto. Uma mulher pode ter o direito constitucional de fazer uma escolha, mas isso não significa que ela tenha o direito constitucional de poder realizar essa escolha (Rose, 2007). Apesar de as mulheres estarem legalmente autorizadas a fazer um aborto, *Roe* não implica qualquer responsabilidade do governo em facilitar um aborto, deixando as mulheres a adquirir o seu próprio aborto, se possível. Muitas mulheres enfrentam dificuldades para fazer um aborto devido ao custo, à distância das clínicas e ao medo dos manifestantes anti-aborto. Ao não implicar qualquer responsabilidade do governo em ajudar as mulheres a tomar a sua decisão, o Supremo Tribunal deixou milhares de mulheres sem acesso ao aborto.

A Professora Melody Rose propõe que o Supremo Tribunal estava de facto a proteger os médicos (homens) e a sua capacidade de serem os "guardiões" das decisões das mulheres sobre o aborto (p.66, 2007). Ainda hoje, os médicos nos Estados Unidos são perturbadoramente mais homens do que mulheres. O Censo dos Estados Unidos de 2009 mostra que, em 2009, apenas 29,5% dos médicos eram do sexo feminino (U.S. Census Bureau, 2009). De acordo com as diretrizes de *Roe*, os médicos do sexo masculino têm a capacidade de decidir quando um feto é viável e se uma mulher pode ou não ser submetida a um aborto. Os homens são também largamente responsáveis pelas leis promulgadas nos Estados Unidos. Embora haja mais mulheres em cargos públicos atualmente do que nunca, as mulheres ainda representam apenas 17% dos senadores dos EUA, 16,8% dos deputados dos EUA e 12% dos governadores de estado (Lawless & Fox, 2012). Esta fraca representação das mulheres nos cuidados de saúde sexual, tanto do lado médico como do lado político da questão, deixa as mulheres excluídas do desenvolvimento do sistema de cuidados de saúde sexual.

Depois de *Roe v Wade (1973),* a comunidade anti-aborto começou imediatamente a tentar tornar os procedimentos de aborto menos disponíveis em vez de ilegais. O primeiro passo do movimento anti-aborto foi eliminar toda a obrigação dos governos federal e estadual de financiar o aborto. Em 1976, o Congresso dos Estados Unidos aprovou a Emenda Hyde, que foi confirmada pelo Supremo Tribunal em 1980. Esta emenda proibia a utilização de dinheiro federal para pagar o aborto, exceto em casos de violação, incesto ou quando houvesse perigo para a mãe ("The Hyde Amendment", 2008). De acordo com esta emenda à Constituição, o Medicaid, a assistência médica fornecida pelo governo federal para americanos de baixa renda, não poderia mais fornecer fundos para serviços de aborto. Estudos demonstraram que, se o Medicaid fosse autorizado a financiar abortos, seriam realizados entre 312 000 e 500 000 abortos a mulheres com baixos rendimentos, que estão agora a ser forçadas a ter filhos indesejados ou a assegurar o aborto por si próprias (ibid.)

O movimento anti-aborto fez ainda mais progressos quando ganhou dois processos no Supremo Tribunal, *Maher v Rae (1977)* em 1977 e *Harris v McRae* em 1980. Nestes casos, foram decretadas novas restrições ao financiamento público do aborto. Esses casos estabeleceram o precedente de que os governos estadual e federal não eram obrigados a pagar por nenhum serviço de aborto (Rose, 2007). A professora Melinda Rose observa que "ao negar recursos e assistência, o Estado poderia constitucionalmente encorajar algumas mulheres a dar à luz em vez de fazer um aborto" (p.71, 2007). A falta de financiamento para abortos significa que as mulheres com baixos rendimentos têm menos probabilidades de conseguir fazer um aborto se precisarem, tornando o aborto um privilégio e não um direito.

No final dos anos 1900, os juízes do Supremo Tribunal tornaram muito clara a sua posição relativamente ao aborto quando clarificaram os tipos de restrições que os estados podiam colocar ao aborto. Em *Webster v. Reproductive Health Services (Serviços de Saúde Reprodutiva*), em 1989, o Supremo Tribunal decidiu continuar a restringir o aborto. *Webster* manteve uma lei de aborto do Missouri que proibia o uso de instalações e funcionários públicos para participar, ajudar, aconselhar ou incentivar abortos (Medoff, 2010). A lei defendida pelo Supremo Tribunal também exigia que os médicos que realizassem abortos efectuassem testes às vinte semanas ou mais de gestação para determinar a viabilidade do feto. Dado que a viabilidade do feto nos Estados Unidos ocorre normalmente por volta das 24 semanas de gravidez (um mês após o exame exigido) (Breborowicz, 2001), o efeito da lei no Missouri foi feito para obrigar as mulheres a submeterem-se a mais testes antes de um aborto, a fim de evitar ou atrasar o procedimento, e desacredita qualquer afirmação de que a falta de financiamento para o aborto foi motivada por preocupações fiscais, uma vez que a realização destes testes adicionais é dispendiosa. Esta decisão "caracterizou o direito ao aborto como um interesse de liberdade menor, em vez de um direito fundamental, e sinalizou aos legisladores estaduais que o Supremo Tribunal estava preparado para conceder aos estados maior discricionariedade para regular e restringir o acesso das mulheres ao aborto" (p. 577 Medoff, 2010).

O Tribunal continuou a dar aos Estados mais controlo sobre os direitos reprodutivos das mulheres na sua decisão *Planned Parenthood v Casey (1992)* em 1992. O Tribunal declarou que os Estados estão constitucionalmente autorizados a impor restrições ao aborto se provarem que essas restrições não constituem um "ónus indevido". O Tribunal definiu "encargo indevido" como qualquer restrição que coloque um "obstáculo substancial" no caminho de uma mulher que pretenda fazer um aborto antes da viabilidade (*Planned Parenthood v Casey (1992)*, 1992). O Tribunal afirmou que "de acordo com o critério do ónus indevido, é permitido a um Estado adotar medidas persuasivas que favoreçam o parto em vez do aborto, mesmo que essas medidas não um interesse de saúde" (art. 134.º, *Planned Parenthood v Casey (1992)*, 1992). O tribunal é também citado como tendo dito que "uma mulher que não actua antes da viabilidade consentiu na intervenção do Estado em nome da criança em desenvolvimento" (art. 95.º, *Planned Parenthood v Casey (1992)*, 1992). Este precedente estabelecido pelo Supremo Tribunal teve muitos efeitos diferentes na política do aborto. A definição vaga do requisito de "ónus indevido" permitiu aos estados uma grande margem de manobra para experimentarem diferentes tipos de restrições ao aborto. Muitos estados obrigam os médicos a dar às mulheres informação enganosa e, por vezes, até falsa, para desencorajar o aborto (ver "Current Restrictions on Abortion and their effects - Manipulation" para mais informações sobre as restrições e requisitos actuais) (Rose, 2007). A decisão *Casey* permitiu explicitamente aos Estados o direito de tentar persuadir uma mulher a dar à luz em vez de fazer um aborto. Também foram legalizados por esta decisão os períodos de espera, o aconselhamento obrigatório, os requisitos de consentimento parental e os requisitos de notificação. A decisão *Casey* alargou o fosso entre as mulheres que podem fazer um aborto e as que não podem (Rose, 2007).

Todos estes casos e alterações marcantes do Supremo Tribunal permitiram as actuais restrições impostas aos serviços de aborto. Embora as mulheres tenham o direito constitucional de poder decidir entre um aborto ou um nascimento (se o feto ainda não tiver atingido a viabilidade), esse direito tem sido reservado para as mulheres que têm a sorte de ter os recursos disponíveis para obter um aborto. A política de aborto nos EUA está em constante mudança. De facto, em 2011, as legislaturas estaduais aprovaram um recorde de noventa e duas leis que restringem o aborto (Joffe, 2013). Embora o aborto seja legal, o número de restrições impostas torna o procedimento quase impossível para algumas mulheres.

Restrições actuais ao aborto e efeitos:

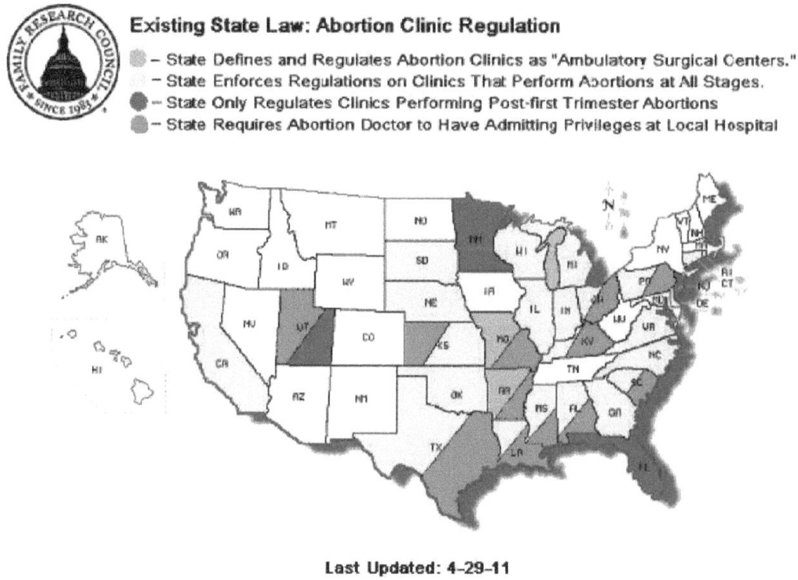

(Walden, 2011)

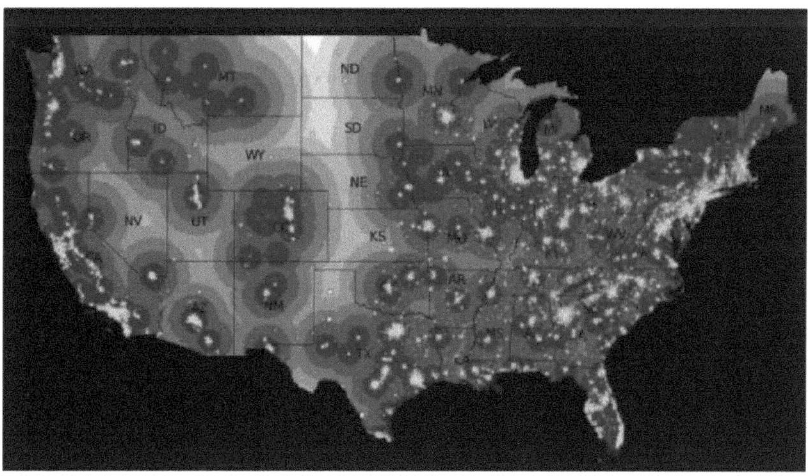

(Gonzalez, 2013) *As clínicas de aborto estão representadas por pontos roxos.

Introdução

Embora o aborto seja tecnicamente legal, muitos estados promulgaram leis que restringem as condições em que uma mulher pode fazer um aborto. Atualmente, quarenta e cinco estados e Washington DC têm restrições aos prestadores de serviços de aborto que não são impostas a quaisquer outros profissionais médicos (NARAL Pro-Choice America, sin fecha). Uma vez que o movimento anti-aborto perdeu uma grande batalha quando o aborto se tornou legal com *Roe v Wade (1973)*, o movimento decidiu seguir outra direção e tornar o aborto inacessível em vez de ilegal. Só no ano de 2011 foram introduzidos 470 projectos de lei anti-aborto nos estados (Alina, Arons & Barajas-Roman, 2012), no entanto, apenas noventa e dois foram aprovados pelas legislaturas estaduais (Joffe, 2013). Ao utilizarem as políticas estatais, os legisladores limitaram grandemente o número de mulheres que são capazes de fazer um aborto.

Restrições de financiamento

> "A decisão de um Estado de alargar a sua própria cobertura Medicaid às despesas relacionadas com o parto, mas não às despesas incorridas com um aborto, não se baseia em considerações económicas, mas indica antes uma preferência moral do Estado pelo parto em detrimento do aborto" (p. 110 Rose, 2007)

Ao contrário do que afirmam os anti-abortistas, a maioria das restrições impostas à prática do aborto é desnecessária para proteger a saúde das mulheres (Rose, 2007). Existem muitos tipos diferentes de regulamentos que lidam com uma ampla gama de questões, como financiamento, localização, requisitos de licença, formulários de consentimento, etc. Estas restrições limitam severamente o acesso das mulheres aos serviços de aborto, tornando a obtenção de um aborto cada vez mais difícil para um número crescente de mulheres.

Um aspeto fundamental do acesso ao aborto é ter os fundos necessários para realizar o procedimento. Muitos estados aprovaram leis de restrição de financiamento, limitando o dinheiro público disponível para as mulheres que precisam de um aborto. Entre 2009 e 2010, onze estados (Arizona, Idaho, Kansas, Louisiana, Mississippi, Missouri, Nebraska, Oklahoma, Tennessee, Utah e

Virgínia) promulgaram leis que proíbem o pagamento de serviços de aborto por parte dos seguros de saúde e seis estados proibiram todas as companhias privadas de seguros de saúde de pagar o procedimento (Conniff, 2011). Atualmente, sete estados têm leis em vigor que proíbem os seguros de saúde privados de pagar o serviço, a menos que seja clinicamente necessário para salvar a vida da mãe ("Restricting Insurance Coverage of Abortion", 2013). Atualmente, apenas dezassete estados financiam através do Medicaid todos ou quase todos os serviços de aborto clinicamente necessários, embora apenas quatro desses estados o façam de livre vontade e os outros treze tenham sido obrigados a fazê-lo por ordens judiciais (Allina, Aron & Barajas-Roman, 2012). Um estudo efectuado pelo Center for Women's Policy Studies declara que as proibições de financiamento do aborto "colocam um fardo injusto e incontrolável sobre o sistema já de si tenso dos centros de saúde comunitários e das salas de urgência que continuam a servir as necessidades de cuidados de saúde destes grupos" (p. 5). Allina, Aron Barajas-Roman, 2012). A falta de financiamento do Medicaid também obriga as mulheres a dar à luz quando, de outra forma, poderiam ter feito um aborto. Estudos efectuados em trinta e dois estados demonstraram que uma em cada quatro mulheres beneficiárias do Medicaid teria feito um aborto se tivesse havido financiamento, mas deu à luz em vez de fazer um aborto (Joffe, 2013). O financiamento do aborto através do Medicaid mudaria a vida de milhares de mulheres.

Como se pode ver no gráfico abaixo, são muito poucos os Estados que optam por financiar o aborto. Também se pode notar que o Dakota do Sul está claramente a violar a Emenda Hyde pela sua falta de financiamento para abortos exigidos em casos de violação ou incesto.

State Funding of Abortion Under Medicaid

STATE	GENERALLY FOLLOWS THE FEDERAL STANDARD, FUNDS IN CASES OF:		FUNDS ALL OR MOST MEDICALLY NECESSARY ABORTIONS
	Life Endangerment, Rape and Incest	Other Exceptions	
Alabama	X		
Alaska			Court order
Arizona			Court order
Arkansas	X		
California			Court order
Colorado	X		
Connecticut			Court order
Delaware	X		
Dist. of Columbia	X		
Florida	X		
Georgia	X		
Hawaii			Voluntarily
Idaho	X		
Illinois			Court order
Indiana	X	Physical health	
Iowa	X	Fetal impairment	
Kansas	X		
Kentucky	X		
Louisiana	X		
Maine	X		
Maryland			Voluntarily
Massachusetts			Court order
Michigan	X		
Minnesota			Court order
Mississippi	X	Fetal impairment	
Missouri	X		
Montana			Court order
Nebraska	X		
Nevada	X		
New Hampshire	X		
New Jersey			Court order
New Mexico			Court order
New York			Voluntarily
North Carolina	X		
North Dakota	X		
Ohio	X		
Oklahoma	X		
Oregon			Court order
Pennsylvania	X		
Rhode Island	X		
South Carolina	X		
South Dakota	*		
Tennessee	X		
Texas	X		
Utah	X	Physical health	
Vermont			Court order
Virginia	X	Fetal impairment	
Washington			Voluntarily
West Virginia			Court order
Wisconsin	X	Physical health	
Wyoming	X		
TOTAL	32+DC		17

* State only pays for abortions when necessary to protect the woman's life.

(p.2 "State Funding for Abortion under Medicaid", 2013)

Embora haja muito pouco financiamento público para o aborto, as mulheres continuam a solicitar e a receber os serviços, mesmo as mais desfavorecidas. Um estudo recente concluiu que "quarenta e dois por cento das mulheres que fazem abortos têm rendimentos inferiores a 100% do nível federal de pobreza e 60% das mulheres que fizeram abortos em 2000 tinham rendimentos inferiores ao dobro do nível de pobreza - menos de 28 000 dólares por ano para uma família de três pessoas" (p. 5 Allina, Aron & Barajas-Roman, 2012). (Note-se que 100% do limiar de pobreza é apenas a terminologia utilizada para representar o limiar de pobreza). Estes números demonstram a necessidade real de financiamento do aborto nos EUA. Apesar de as mulheres com baixos rendimentos serem as que têm mais dificuldades em fazer um aborto, continuam determinadas a fazê-lo. Um aborto pode custar tanto como um mês inteiro de salário para uma mulher pobre, forçando-a a fazer grandes sacrifícios para o conseguir. As mulheres que passaram por esta luta classificam-na consistentemente como uma ação necessária para proteger o bem-estar económico dos seus filhos e de outros membros da família (ibid.). Se este grupo de mulheres continuar a fazer abortos, utilizando o dinheiro necessário para a sua alimentação e habitação e das suas famílias, as políticas que proíbem o financiamento público causam mais danos económicos a uma população que já é desfavorecida, alargando, de facto, o fosso económico entre as classes.

Não só o financiamento público não está disponível para as mulheres que necessitam de assistência financeira, como também muitos estados têm leis que permitem que os prestadores de seguros de saúde individuais recusem o pagamento de serviços de aborto. Uma vez que não existe um seguro de saúde financiado pelo governo para as mulheres em idade reprodutiva, para além do Medicaid, que está proibido de financiar o aborto, as mulheres dependem fortemente das suas companhias de seguros de saúde (caso tenham um seguro privado) para pagar a operação. Quarenta e seis estados têm leis que permitem aos prestadores de cuidados de saúde recusar o pagamento de serviços de aborto, treze desses estados permitem aos prestadores de seguros de saúde recusar o pagamento de contraceção e dezoito estados permitem a recusa do pagamento de procedimentos de esterilização ("Refusing to provide health services", 2013). Devido à severa restrição de dinheiro disponível para as mulheres que necessitam de um aborto, os Estados Unidos encontram-se atualmente numa situação em que as pessoas que mais necessitam de assistência financeira terão muito poucas probabilidades de a obter, tornando ainda mais difícil uma situação que já é difícil.

RESTRICTING INSURANCE COVERAGE OF ABORTION

STATE	PRIVATE INSURANCE POLICIES		INSURANCE POLICIES FOR PUBLIC EMPLOYEES
	All Private Insurance Plans	Specific to Health Exchanges*	
Alabama		Life, Rape, Incest	
Arizona		Life, Severe health[†‡]	Life, Severe health[†]
Arkansas		♦	
Colorado			No coverage
Florida		Life, Rape, Incest[‡]	
Idaho	Life[‡]	Life, Rape, Incest	Life[‡]
Illinois			Life[‡]
Indiana		Life, Rape, Incest, Severe health[†]	
Kansas	Life[‡]	Life	Life
Kentucky	Life[‡]	Life[‡,Ω]	No coverage
Louisiana		No coverage	
Massachusetts			ξ
Mississippi		Life, Rape, Incest	Life, Rape, Incest, Fetal impairment
Missouri	Life[‡]	Life	Life
Nebraska	Life[‡]	Life	Life[‡]
North Carolina			Life, Rape, Incest
North Dakota	Life[‡]	Life[‡,Ω]	Life
Ohio		Life, Rape, Incest	Life, Rape, Incest
Oklahoma	Life[‡]	Life[‡]	Life[‡]
Pennsylvania			Life, Rape, Incest
Rhode Island	▼		Life, Rape, Incest
South Carolina		Life, Rape, Incest	Life, Rape, Incest, Severe health[†]
South Dakota		Life, Severe Health[†]	
Tennessee		No coverage	
Utah	Life, Rape, Incest, Severe health[†] and Fetal impairment	Life, Rape, Incest, Severe health[†] and Fetal impairment	Life, Rape, Incest, Severe health[†] and Fetal impairment
Virginia		Life, Rape, Incest	Life, Rape, Incest, Fetal impairment
Wisconsin		Life, Rape, Incest, Severe Physical Health[Φ]	
TOTAL	8	20	18

▼ Enforcement permanently enjoined by court order; policy not in effect.

♦ Law goes into effect later in 2013.

* Health exchange policies become operational in 2014.

† The health exception applies to a "substantial and irreversible impairment of a major bodily function."

‡ Additional abortion coverage is available only through the purchase of a separate rider at an additional cost.

Ω Although the law does not specifically refer to health reform, the restriction applies to health plans offered in the health exchange.

ξ State specifically prohibits coverage of postviability "partial-birth" abortions except in cases of life endangerment and "substantial risk of grave impairment of her physical or mental health."

Φ Health exception applies in cases when the abortion is necessary to "prevent grave, long-lasting physical health damage to the woman."

FOR MORE INFORMATION:

For information on state legislative and policy activity, click on Guttmacher's Monthly State Update, for state-level policy information see Guttmacher's State Policies in Brief series, and for information and data on reproductive health issues, go to Guttmacher's State Center. To see state-specific reproductive health information go to Guttmacher's Data Center, and for abortion specific information click on State Facts About Abortion. To keep up with new state relevant data and analysis sign up for the State News Quarterly Listsery.

Cohen SA, Insurance coverage of abortion: the battle to date and the battle to come, *Guttmacher Policy Review*, 2010, 13(4):2–6.

Gold RB, Insurance coverage and abortion incidence: information and misinformation, Guttmacher Policy Review, 2010 13(4):7–10.

Kurth A et al., Reproductive and sexual health benefits in private health insurance plans in Washington State, *Family Planning Perspectives*, 2001, 33(4):153–160 & 179.

Sonfield A et al., U.S. insurance coverage of contraceptives and the impact of contraceptive coverage mandates, 2002, *Perspectives on Sexual and Reproductive Health*, 2004, 36(2):72–79.

GUTTMACHER INSTITUTE JUNE 1, 2013

(p.2 "Restricting Insurance Coverage of Abortion", 2013)

A restrição do financiamento do aborto obriga as mulheres com baixos rendimentos a abortar mais tarde na gravidez. As mulheres que vivem abaixo de 200% do limiar federal de pobreza geralmente realizam procedimentos de aborto dez dias mais tarde do que as mulheres mais ricas (Allina, Aron & Barajas-Roman, 2012). Assim, por exemplo, se o limiar de pobreza fosse de 10 000 dólares anuais, 200% do limiar de pobreza seria de 20 000 dólares anuais. Das mulheres economicamente desfavorecidas que adiaram o procedimento de aborto, sessenta por cento afirmaram que preferiam ter feito o aborto mais cedo e mais de metade referiram que os atrasos se deveram a problemas com os preparativos, incluindo a obtenção de dinheiro (ibid.). Apesar de o aborto ser um dos procedimentos mais comuns e mais seguros nos Estados Unidos, torna-se mais caro e perigoso quanto mais tempo a mulher tiver de esperar. Ao proibir os fundos para os serviços de aborto, os estados estão indiretamente a forçar as mulheres a obter procedimentos mais arriscados e caros (Rose, 2007). Obrigar as mulheres pobres a pagar mais dinheiro pelos seus abortos perpetua as dificuldades que elas experimentam.

A restrição do financiamento do aborto tem um maior impacto nas minorias raciais nos EUA. A investigação mais recente do Censo dos EUA mostra que 25,8% das mulheres negras são pobres, em comparação com 12,3% das mulheres brancas; e as mulheres hispânicas têm duas vezes mais probabilidades de serem pobres do que as mulheres não hispânicas (Allina, Aron & Barajas-Roman, 2012). As mulheres das minorias raciais não só têm mais probabilidades de serem pobres, como também têm mais probabilidades de estarem em idade reprodutiva (15 a 44 anos) e de serem pobres. "Enquanto 28,5 por cento [das mulheres pobres em idade reprodutiva] são afro-americanas, 27,2 por cento são hispânicas e 27,0 por cento são nativas americanas, apenas 15,8 por cento são brancas" (p. 6 Allina, Aron Barajas-Roman, 2012). Os estudos mostram também que as mulheres de cor têm mais probabilidades de fazer um aborto. Uma em cada quatro mulheres que fazem um aborto é hispânica e a taxa de aborto das afro-americanas é o dobro da taxa nacional (Allina, Aron & Barajas-Roman, 2012). Estas estatísticas mostram que as mulheres de minorias raciais têm uma probabilidade desproporcionalmente maior de requerer financiamento público para o aborto do que as mulheres brancas.

As actuais restrições de financiamento impostas ao aborto criam efetivamente maiores barreiras não só entre as diferentes classes económicas, mas também entre raças. A Convenção Internacional sobre a Eliminação de Todas as Formas de Discriminação Racial (Resolução 2106 [XX]) define "discriminação racial" como "qualquer distinção, exclusão, restrição ou preferência baseada na raça, cor, ascendência ou origem nacional ou étnica que tenha por objetivo ou efeito anular ou restringir o reconhecimento, gozo ou exercício, em condições de igualdade, dos direitos do Homem e das liberdades fundamentais nos domínios político, económico, social, cultural ou em qualquer outro domínio da vida pública" (Assembleia Geral da ONU, 1965). As Nações Unidas não especificam a necessidade de uma intenção de discriminar. Embora as leis dos Estados Unidos não tenham sido expressamente criadas para discriminar diferentes grupos raciais, ao proibir o financiamento que é mais frequentemente necessário para certos grupos raciais, criaram uma forma de discriminação de facto. Os efeitos discriminatórios dessas leis podem ser vistos na desproporção de mulheres com baixos rendimentos e pertencentes a minorias raciais que precisam de dinheiro que lhes é explicitamente negado pelo governo. A negação de financiamento público a estas mulheres impede-as de terem liberdade económica, obrigando-as a fazer enormes sacrifícios para obterem algo que as mulheres brancas ricas não têm qualquer problema em obter.

Uma vez que os prestadores de serviços de aborto e os preços variam muito consoante o Estado e o período de gestação do feto, é difícil identificar o custo médio de um aborto. No entanto, uma investigação concluiu que, em geral, uma mulher entre as 6 e as 10 semanas de gestação pagará cerca de 350 dólares numa clínica de aborto e 500 dólares num consultório médico. Este preço aumenta à medida que o feto continua a crescer. Quando uma mulher está com 16 semanas de gestação, pagará cerca de 650 dólares numa clínica de aborto e 700 dólares num consultório médico. Uma mulher com 20 semanas de gestação pagará mais de US$ 1.000 para interromper sua gravidez (Dudly, 2003). Estes preços não incluem os custos de deslocação em que muitas mulheres têm de incorrer para obter um aborto.

As restrições impostas ao financiamento dos serviços de aborto têm muitos efeitos negativos na sociedade. A quantidade desproporcionada de mulheres de cor que necessitam de financiamento para o aborto e não o conseguem obter perpetua o seu baixo estatuto socioeconómico. A grande quantidade de tempo investido na criação de um filho cria um ambiente em que muitas mulheres têm de optar por renunciar ou adiar a educação e a progressão na carreira para poderem cuidar do seu filho. O adiamento de um aborto torna o procedimento mais caro e perigoso, tornando as mulheres desfavorecidas mais susceptíveis de pagar mais e de se submeterem a procedimentos mais perigosos. Mesmo com todas as restrições atualmente em vigor, as mulheres continuam a pedir e a fazer abortos, uma vez que muitas mulheres o vêem como um meio necessário para proteger o bem-estar económico da sua família.

Manipulação

Provavelmente, uma das regulamentações mais chocantes das práticas de aborto é a lei que exige que sejam dadas informações específicas às mulheres grávidas que procuram fazer um aborto. De acordo com a decisão *Casey*, os Estados têm o direito de tentar persuadir uma mulher a dar à luz em vez de fazer um aborto, mesmo que essas medidas não promovam os interesses da saúde da mulher (Rose, 2007). Em vinte e três estados, os médicos ou conselheiros são obrigados a dar às pacientes que procuram um aborto informações que são cientificamente falsas (ibid.). Alguns desses estados exigem que os médicos comuniquem ligações entre abortos e cancro da mama, infertilidade e suicídio; a existência de uma ligação entre o aborto e esses efeitos secundários negativos nunca foi apoiada por provas científicas (Joffe, 2013). Atualmente, o Arizona tem uma lei que estabelece que os médicos não podem ser processados por ocultarem informações que possam levar uma mulher a fazer um aborto, tais como provas da existência de um feto em risco (ibid.).

ABORTION COUNSELING & WAITING PERIODS

STATE	Length of Waiting Period (in hours)	In-Person Counseling Necessitates Two Trips to Clinic	Written Materials Given or Offered	Woman Informed that Abortion Cannot Be Coerced	Description of Procedure: Specific	Description of Procedure: All Common	Fetal Development: Gestational Age of Fetus	Fetal Development: Throughout Pregnancy	Ability of a Fetus to Feel Pain	Personhood Begins at Conception
States with Detailed Abortion-Specific Informed Consent Requirements (27 states)										
Alabama	24		Given	V,W	V	W	V	W		
Alaska			Offered		V	W	V	W	W*	
Arizona	24	X	Offered	V,W	V	W	V	W		
Arkansas	Prior day		Offered	V,W		W	V	W	V,†W	
Georgia	24		Offered			W	V	W	W	
Idaho	24		Given	W	V	W		W		
Indiana	18	X	Given		V	W	V	W	V‡	V,W
Kansas	24		Given	W	V	W	V	W	W♦	W
Kentucky	24		Offered		V		V	W		
Louisiana	24	X	Given	W	V	W	V	W	V, W	
Massachusetts	▼									
Michigan	24		Given		V,W		V,W	W		
Minnesota	24		Offered			W	V	W	V,†W	
Mississippi	24	X	Offered		V		V	W		
Missouri	24	X	Given	W	V	W	V	W	W†	W
Montana	▼									
Nebraska	24		Offered			W	V	W		
North Carolina	24		Offered	V	V	W	V	W		
North Dakota	24		Offered	W		W	V	W		V
Ohio	24	X	Given		V		V	W		
Oklahoma	24		Offered			W	V	W	V,†W	
Pennsylvania	24		Offered	W	V	W	V	W		
South Carolina	24		Offered		V	W	V	W		
South Dakota	72Ω	§	Given	V		W	V	W	W*	W
Texas	24	Xξ	Offered			W*	V	W	W*	
Utah	72	X϶	Given	W	V	W	V	W	V,♦W♦	
Virginia	24	Xξ	Offered		V	W	V	W		
West Virginia	24		Offered	W*		W	V	W		
Wisconsin	24	X	Offered	V,W	V	W	V	W		
States with Customary Informed Consent Provisions (8 states)										
California					V					
Connecticut					V		V			
Delaware	▼				V		V			
Florida					V		V			
Maine					V		V			
Nevada					V		V			
Rhode Island					V		V			
TennesseeΨ	▼						V			
TOTAL	26	10	27	14	25	23	33	27	12	5

All states waive mandatory waiting period requirements in a medical emergency or when the woman's life or health is threatened. In Utah, the counseling is waived if the pregnancy is the result of rape or incest or the patient is younger than 15. In Alabama, the counseling requirement is waived in cases of ectopic pregnancy or severe fetal impairment and in Georgia and Rhode Island it is waived in cases of medical emergency.

§ Enforcement temporarily enjoined by court order; policy is not in effect, pending the outcome of litigation.
▼ Enforcement permanently enjoined by court order; policy not in effect.
♦ Additional content included by state law later in 2013.

V= verbal counseling; W= written materials
* Included in written counseling materials although not specifically mandated by state law.
† Information given only to women who are at 20 weeks' of pregnancy or more; in Missouri the law applies at 22 weeks of pregnancy.
‡ Required by law to be included in the written materials, but the materials have not yet been updated. In Indiana, the provision is not enforced against Planned Parenthood of Indiana due to a court case.
Ω The law prohibits the inclusion of weekends and annual state holidays as part of the waiting period.
Ψ Enforcement of a provision of the Tennessee law requiring that a woman be told that an abortion constitutes major surgery is enjoined.
ξ In person counseling is not required for women who live more than 100 miles from an abortion provider.
϶ Counseling must be conducted "face-to-face" at "any location in the state."

CONTINUED

GUTTMACHER INSTITUTE JUNE 1, 2013

(p.3 "Aconselhamento em matéria de aborto e períodos de espera", 2013)

A informação fornecida por muitos estados é apresentada de uma forma concebida para manipular as mulheres a dar à luz em vez de fazerem um aborto. Quase todos os estados que exigem que sejam dadas informações às mulheres grávidas incluem informações sobre o desenvolvimento do feto durante a gravidez. Esta tática pode ser utilizada para criar uma ligação emocional mais forte entre a mulher grávida e o feto, de modo a persuadir a mulher a dar à luz. Um exemplo de tal manipulação é "A Woman's Right to Know", o panfleto que o Texas exige que seja dado a todas as mulheres que procuram um aborto, que se refere a um feto como uma "criança por nascer" (Texas Board of Health, 2003). Na página dois do panfleto, um feto é chamado sete vezes de "criança não nascida", o que permite imaginar o impacto que esta terminologia pode ter numa mulher grávida. Para obter uma cópia de "O Direito da Mulher a Saber", consulte o Anexo (Figura A). A forma como a informação é dada às mulheres pode provocar fortes reacções emocionais naquelas que são incapazes de dar à luz o feto devido a razões de saúde, psicológicas (em casos de violação) ou económicas.

Outra forma de os governos estaduais tentarem persuadir as mulheres a não fazerem um aborto é exigindo ecografias antes do procedimento de aborto. Vinte e um estados têm leis que exigem a realização de uma ecografia pelos prestadores de serviços de aborto. Dois desses estados exigem que toda e qualquer mulher que deseje fazer um aborto veja a ecografia do feto e ouça uma descrição do desenvolvimento do seu feto ("Requirements for Ultrasound", 2013). Os defensores da luta contra o aborto fizeram aprovar legislação que exige a realização de ecografias antes de um aborto, a fim de mostrar à mulher grávida o batimento cardíaco do feto, a idade fetal, a data aproximada do parto e determinar a localização da gravidez, de modo a garantir que a mãe não tem uma gravidez ectópica (uma gravidez que ocorre fora do útero) (A woman's concern, sin fecha). A única determinação clinicamente relevante feita pela ecografia é a verificação da localização do feto - no entanto, estudos previram que, de 2013 a 2017, a taxa de mortes devido a gravidezes ectópicas será de 0,36 mortes por 100 000 nados-vivos (Creanga, Shapiro-Mendoza, Bisch, Zane , Berg & Callaghan, 2011). Exigir ecografias antes de um aborto não tem qualquer valor médico real, é apenas um obstáculo colocado no caminho das mulheres que desejam fazer um aborto.

Não existe nenhuma outra prática médica nos Estados Unidos que permita aos médicos difundir informações enganosas com o objetivo de obter uma decisão médica desejada. Em todas as outras áreas médicas, os profissionais de saúde sempre tiveram uma grande margem de manobra quando se tratava de tomar decisões sobre os cuidados de saúde dos pacientes. No entanto, os médicos que praticam o aborto enfrentam muitas regulamentações. Num estudo, muitos médicos referiram que era humilhante para eles que o governo decidisse impor um controlo tão apertado a uma prática médica singular (Rose, 2007).

Médicos, clínicas e indisponibilidade

Algumas das restrições mais prevalecentes impostas aos prestadores de serviços ou clínicas de aborto foram cunhadas como leis "TRAP" (Targeted Regulation of Abortion Providers). Duas das leis TRAP mais comuns são as leis que exigem que os provedores de aborto paguem uma taxa anual e as leis que "exigem que os provedores de aborto (mas não outros consultórios ou clínicas comparáveis) cumpram uma ampla gama de regulamentos que regem suas instalações físicas, pessoal, procedimentos e protocolos (ou seja, requisitos de instalações físicas/pessoal)" (p. 579 Medoff, 2010). Atualmente, 45 Estados e Washington DC têm leis TRAP onerosas em vigor que não são impostas a nenhum outro profissional médico (Allina, Arons, Barajas-Roman, 2012). As provas disponíveis sugerem que as leis TRAP aumentam os custos fixos e/ou operacionais dos abortos que muitas mulheres já não podem pagar. Dados empíricos mostram que as leis TRAP diminuem o número de prestadores de serviços de aborto em 15,5 por cada 100.000 prestadores (Medoff, 2010). Ao diminuir o número de prestadores de serviços de aborto, as leis TRAP estão a tornar o aborto menos disponível para as mulheres que podem necessitar do procedimento.

Um dos casos mais recentes relativos à regulamentação do aborto é o *Jackson Women's Health Org. v Currier (2012)*, que está a decorrer no Tribunal Distrital dos Estados Unidos para o Distrito Sul. O caso diz respeito a uma lei (House Bill 1390) promulgada no Mississippi, que exige que todos os médicos que realizam abortos (embora só exista uma clínica de aborto no Mississippi) sejam obstetras-ginecologistas certificados ou elegíveis e tenham privilégio de admissão num hospital (Center for Reproductive Rights, 2012). Uma vez que o aborto é um dos procedimentos mais seguros e mais comuns (Allina, Aron & Barajas-Roman, 2012), exigir que os médicos tenham privilégios de admissão num hospital é medicamente desnecessário (Center for Reproductive Rights, 2012). A Jackson Women's Health Organization começou a candidatar-se a privilégios de admissão em hospitais em meados de abril, quase logo que o projeto de lei do Mississippi foi aprovado. No entanto, os pedidos de tais privilégios podem demorar meses a ser processados e a Jackson Women's Health Organization foi informada de que o projeto de lei 1390 seria aplicado a partir de 1 de julho, em vez de respeitar os procedimentos normais de seis semanas de regulamentação (ibid.). A equipa da clínica foi forçada a decidir entre fechar a clínica ou enfrentar uma ação judicial por violação da lei recentemente promulgada. No 27 de junho, a Jackson Women's Health Organization interpôs uma ação judicial contra o Estado, solicitando a suspensão do processo até que fosse apresentada uma providência cautelar contra a lei (ibid.). O tribunal concedeu à clínica de mulheres o direito de permanecer aberta até que seja tomada uma decisão sobre a legalidade da nova lei TRAP. A clínica alega que o projeto de lei 1390 da Câmara dos Representantes impõe encargos injustificados e onerosos (Nota* recordar "encargos indevidos", tal como definidos pelo Supremo Tribunal no processo *Planned Parenthood v Casey (1992)*). A clínica acredita que a lei, se for aplicada, atingirá o seu objetivo de eliminar todos os prestadores de serviços de aborto no Estado (ibid.). De facto, um dos representantes do Estado, Bubba Carpenter, afirmou durante uma conferência de imprensa que o Mississippi tinha cumprido o seu objetivo de eliminar o aborto do Estado, continuando a dizer que as mulheres podem ser forçadas a fazer "abortos em cabides.... mas ei, têm de ter mais bebés" (Maya, 2013). Esta declaração do representante do Mississippi mostra os verdadeiros objectivos das leis TRAP, que são transmitir a moral do movimento anti-aborto à população. Se o Mississippi ganhasse este caso, abriria o precedente de que os Estados têm o direito de encerrar efetivamente todas as clínicas de aborto, impondo restrições severas.

A Virgínia está também a tentar aprovar mais leis TRAP para encerrar algumas das suas clínicas de aborto. Atualmente, a Virgínia tem muitas outras leis TRAP em vigor que exigem que as clínicas de aborto tenham um toldo sobre a entrada, uma largura específica das portas e dimensões especiais para os armários de limpeza - leis que claramente não têm qualquer efeito sobre a segurança dos procedimentos de aborto fornecidos, e não são aplicadas a qualquer outra profissão médica (Conselho Editorial, 2013). A mais recente lei imposta exigiria que qualquer clínica que oferecesse um aborto também fosse reconhecida como um hospital (NARAL Pro-Choice America, sin fecha). Os hospitais têm muitos requisitos diferentes das clínicas normais. Os hospitais devem ter certas capacidades e requisitos físicos que a maioria das clínicas de aborto na Virgínia não será capaz de cumprir. A nova lei forçaria a maioria das 21 clínicas da Virgínia a fechar devido à sua incapacidade de atender aos novos requisitos (ibid.). Inicialmente, o Conselho de Saúde da Virgínia decidiu manter as clínicas existentes, evitando que tivessem de cumprir os requisitos de construção dos hospitais. No entanto, depois de o Procurador-Geral, Ken Cuccinelli II, ter ameaçado o Conselho de Saúde, afirmando que o gabinete do Procurador-Geral não o defenderia legalmente (referiu também que os membros do Conselho de Saúde poderiam ser pessoalmente responsabilizados pelas facturas legais), a não ser que se conformassem com os desejos do Sr. Cuccinelli e negassem às clínicas a possibilidade de serem abrangidas pela proteção dos direitos adquiridos (Vozella, 2012). Um médico da Virgínia foi citado como tendo dito: "Posso fazer cirurgia plástica. Posso espetar agulhas nos pulmões dos bebés. Posso meter tubos no pénis e na bexiga e fazer todo o tipo de coisas malucas no meu consultório, sem qualquer tipo de regulamentação. Sem qualquer supervisão governamental. Mas para um aborto ... torna-se simplesmente absurdo" (Conselho Editorial, 2013). As regulamentações impostas aos médicos que realizam abortos levaram a uma grave diminuição do número de clínicas de aborto disponíveis para as mulheres, o que é claramente um objetivo destas regulamentações TRAP.

Devido a restrições rigorosas, o aborto tem-se tornado cada vez menos disponível para as mulheres que dele necessitam. De 1992 a 2000, os Estados Unidos perderam 11% das suas clínicas de aborto, deixando 87% dos condados americanos sem provedores de aborto - e no Sul e no Centro-Oeste 90% dos distritos não têm acesso a uma clínica de aborto (Rose, 2007). Como mencionado anteriormente, as mulheres que têm dificuldade em obter um aborto são geralmente forçadas a esperar mais tempo para o fazer, aumentando o custo e o risco do procedimento (Allina, Aron & Barajas-Roman, 2012). Um estudo concluiu que, devido à falta de clínicas qualificadas ou de fundos suficientes para um aborto, muitas mulheres são forçadas a fazer um aborto numa "clínica desonesta". Estas "clínicas desonestas" são clínicas que prestam serviços de aborto a mulheres por um preço significativamente mais baixo, mas os abortos são normalmente efectuados por pessoal com formação inadequada e em condições pouco higiénicas (p. 11 Allina, Aron & Barajas-Roman, 2012). Uma dessas "clínicas desonestas" situava-se em Filadélfia, onde o médico abortista dessa clínica efectuava abortos em gravidezes tardias, cortando a medula espinal do feto com uma tesoura. O único médico da clínica foi acusado de realizar abortos com instrumentos sujos e reutilizados em condições insalubres, incluindo salas de operação onde havia caixas de areia e animais (Hoye & Hostin, 2013). O médico foi considerado culpado de três acusações de homicídio em primeiro grau (ibid). Forçar a clandestinidade do aborto torna o procedimento inseguro e permite que outros se aproveitem do estado de vulnerabilidade da mulher. Para garantir que as mulheres não sejam vítimas de abortos inseguros, é extremamente importante que o acesso ao aborto seja fácil. Como se pode ver, embora os estados controlem em grande parte as suas leis específicas que regulam o aborto, graças aos casos do Supremo Tribunal mencionados anteriormente e à Emenda Hyde, os estados têm conseguido tornar os abortos quase impossíveis de obter para a maioria das mulheres.

Restrições para mulheres menores de idade

PARENTAL INVOLVEMENT IN MINORS' ABORTIONS

STATE	PARENTAL INVOLVEMENT			JUDICIAL BYPASS			OTHER ADULT RELATIVES	EXCEPTIONS	
	Consent Only	Notification and Consent	Notification Only	Available	Specific Criteria	"Clear and Convincing" Evidence		Medical Emergency	Abuse, Assault, Incest or Neglect
Alabama	X			X				X	
Alaska			X	X				X	X
Arizona	X*			X	X	X		X	X
Arkansas	X*			X				X	X
California	▼								
Colorado			X	X		X		X	X
Delaware‡			X†	X†			X‡	X‡	
Florida			X	X	X	X		X	
Georgia			X	X				X	
Idaho	X			X		X		X	X
Illinois			§	§			§	§	§
Indiana	X			X				X	
Iowa			X	X			X	X	X
Kansas	Both parents*			X	X	X		X	
Kentucky	X			X	X			X	
Louisiana	X*			X		X		X	
Maryland			X†						X†
Massachusetts	X			X				X	
Michigan	X			X				X	
Minnesota			Both parents	X				X	X
Mississippi	Both parents			X		X		X	
Missouri	X			X					
Montana‡	♦		X	X				X	
Nebraska	X*			X		X		X	X
Nevada			▼						
New Hampshire			X	X				X	
New Jersey			▼						
New Mexico	▼								
North Carolina	X			X			X	X	
North Dakota	Both parents			X		X		X	
Ohio	X			X	X	X		X	
Oklahoma		X*		X		X	♦	X	X
Pennsylvania	X			X				X	
Rhode Island	X			X				X	
South Carolina‡	X†			X‡			X‡	X‡	X‡
South Dakota			X	X		X		X	
Tennessee	X			X				X	X
Texas		X*		X				X	
Utah		X		XΩ				X	Xξ
Virginia		X*		X			X	X	X
West Virginia			X†	X*				X	
Wisconsin	X†			X*			X	X	X
Wyoming		X		X		X		X	
TOTAL	**21**	**5**	**12**	**37**	**5**	**13**	**6**	**35**	**15**

Note: Except where indicated, policies require the involvement of one parent.

▼ Enforcement permanently enjoined by court order; policy not in effect.
§ Enforcement temporarily enjoined by court order; policy not in effect.
♦ New law scheduled to take effect later in 2013.

* Requires parental consent documentation to be notarized.
† Allows specified health professionals to waive parental involvement in limited circumstances.
‡ While most states laws apply to all minors, the laws in Delaware and Montana apply to women younger than 16 and South Carolina's law applies to those younger than 17.
Ω The provision applies only to parental consent requirements.
ξ The provision applies only to the parental notice requirements.

CONTINUED

GUTTMACHER INSTITUTE JUNE 1, 2013

(p.2 "Parental Involvement in Minor's Abortion", 2013)

As jovens que procuram fazer um aborto têm de enfrentar muitos obstáculos para o conseguir. O mais comum é a exigência de envolvimento dos pais. Atualmente, trinta e oito Estados têm leis que exigem o envolvimento dos pais na decisão de uma menor de abortar. ("Parental involvement in minors' abortions", 2013) Vinte e um Estados exigem que a criança que procura um aborto obtenha o consentimento dos pais (três Estados exigem o consentimento de ambos os pais). Trinta e cinco Estados permitem que as menores façam um aborto sem o consentimento dos pais, caso a saúde da menor esteja em perigo (ibid.). A imposição de restrições à realização de abortos a mulheres menores de idade que necessitem do procedimento é particularmente arriscada porque, se uma rapariga estiver demasiado assustada ou nervosa para falar com um dos pais, isso pode obrigá-la a adiar o aborto ou mesmo a dar à luz a criança não planeada.

Embora os Estados tenham o direito de impor leis de notificação parental, o Supremo Tribunal ditou que os Estados que exigem o envolvimento dos pais também devem ter uma forma de o menor evitar a notificação parental. Muitos estados têm leis que ditam que um menor tem a capacidade de ir a tribunal e pedir que a lei de notificação parental seja dispensada (ibid). Obrigar uma rapariga menor de idade a submeter-se a um processo judicial para poder fazer um aborto representa um fardo muito pesado para ela. Imagine-se uma situação hipotética em que uma rapariga desfavorecida do ponto de vista económico e educativo fica grávida e deseja interromper uma gravidez indesejada. Se os seus pais forem contra o aborto, é pouco provável que ela consiga obter uma ordem judicial que lhe permita abortar. O mais provável é que a rapariga nem sequer tenha conhecimento da possibilidade de renunciar ao envolvimento dos pais e seja obrigada a procurar outras opções, talvez mais perigosas. A maioria das raparigas não tem conhecimento do requisito de envolvimento parental e da possibilidade de renunciar a esse requisito (Dennis A et al., 2009).

As leis que exigem o envolvimento dos pais no aborto de uma menor têm, na verdade, pouco ou nenhum efeito sobre a taxa de abortos de menores à escala nacional. Estudos realizados no Massachusetts e no Mississippi concluíram que, se se considerar o número de raparigas que saem do estado para fazer um aborto, a taxa de abortos não diminui devido às leis de notificação parental (ibid). Outro estudo efectuado no Texas concluiu que, em certas cidades, localizadas longe de clínicas de aborto fora do estado que não requerem o envolvimento dos pais, a taxa de natalidade das adolescentes aumentou devido às leis de envolvimento dos pais (ibid.). Se olharmos para um mapa de clínicas de aborto (fornecido no início deste capítulo), veremos que Mississippi e Massachusetts estão relativamente perto de clínicas de aborto fora do estado, no entanto, há muitas partes do Texas que estão muito longe de qualquer clínica de aborto, forçando assim algumas dessas raparigas a dar à luz em vez de fazer um aborto.

As leis de envolvimento parental são particularmente perigosas porque afectam um grupo já de si vulnerável. As raparigas com menos de dezoito anos têm menos probabilidades de estar física, económica e mentalmente preparadas para ter um filho. Os Estados estão efetivamente a forçar a paternidade adolescente aos seus cidadãos. Retirar a uma menor a capacidade de tomar decisões sobre o seu próprio corpo sem o consentimento de um dos pais é prejudicial para a autodeterminação dessas raparigas.

O que acontece quando o aborto é ilegal?

Quando o aborto é ilegal, não significa que não esteja disponível, apenas que não está regulamentado e é punível pelo governo. Os abortos não regulamentados são extremamente perigosos porque não há regulamentação das qualificações das pessoas que realizam o procedimento; da esterilidade da sala de operações; dos instrumentos e medicamentos utilizados; nem da forma como o procedimento é efectuado. Os efeitos negativos dos procedimentos de aborto não regulamentados têm sido observados tanto na comunidade internacional como nos Estados Unidos.

Pode-se ver a importância dos serviços de aborto legal quando se comparam os dados de antes de *Roe v Wade (1973)* com os dados após a legalização do aborto. A pesquisa de Rose mostra que sempre houve uma demanda por aborto, independentemente de sua legalidade (p. 34, 2007). Um estudo efectuado pela John Hopkins School of Public Health concluiu que são realizados anualmente cerca de dez a vinte milhões de abortos ilegais em todo o mundo. Como resultado desses abortos ilegais, estima-se que cem a duzentas mil mulheres morrem todos os anos (p. 34 Rose, 2007). Depois de *Roe* ter tornado o aborto legal nos Estados Unidos (com algumas restrições), o número de mortes devido a procedimentos de aborto ilegal diminuiu drasticamente. Estima-se que, antes de *Roe*, cerca de 5.000 mulheres morriam anualmente devido a procedimentos de aborto ilegal (The Abortion Access Project, 2003). Atualmente, apenas algumas mulheres morrem anualmente devido a abortos obtidos ilegalmente (Rose, 2007) e menos de 0,3% das mulheres que se submetem a abortos legais sofrem complicações graves (Pichler, 2009)

A morte não é o único impacto negativo que os abortos clandestinos têm nas mulheres. Devido às condições frequentemente insalubres das operações utilizadas para os procedimentos de aborto ilegal, muitas mulheres sofreram de infecções graves. Um estudo concluiu que, depois de a Califórnia ter liberalizado a sua lei do aborto, o número de mulheres admitidas no Centro Médico do Condado de Los Angeles/Universidade do Sul da Califórnia por infecções devidas a abortos ilegais diminuiu quase 75% (Pichler, 2009). Quando o aborto está disponível, as mulheres têm mais probabilidades de o fazer mais cedo e numa data mais próxima e, por conseguinte, têm procedimentos mais seguros (Allina, Aron & Barajas-Roman, 2012).

Tornar o aborto ilegal nos Estados Unidos leva muitas mulheres a submeterem-se a procedimentos de aborto não regulamentados e, por conseguinte, mais perigosos. As mulheres fazem abortos desde antes da existência da medicina moderna. Numerosos estudos mostraram que, mesmo quando o aborto é ilegal ou severamente restringido, as mulheres continuam a procurar o procedimento, independentemente do custo económico ou físico. Para salvar a vida de milhares de mulheres e mães, o aborto deve ser legal e regulamentado.

Comprimentos tomados pelos defensores da luta contra o aborto

As clínicas de aborto foram alvo de mais actos de vandalismo e violência do que qualquer outra organização nos Estados Unidos. Muitos médicos e mulheres sofreram ameaças, violência e até morte devido a manifestantes anti-aborto. Os manifestantes anti-aborto assediam a vida profissional e privada dos médicos que praticam o aborto. Os seus protestos estendem-se mesmo a terceiros, que não estão de forma alguma envolvidos no procedimento em si (Allina, Aron & Barajas-Roman, 2012).

A violência é um aspeto predominante dos protestos contra o aborto nos Estados Unidos. Em 1993, pouco depois de o Supremo Tribunal ter decidido não anular a sua decisão no caso *Roe v Wade (1973)*, os protestos anti-aborto atingiram o nível máximo de violência quando o Dr. David Gunn, um prestador de serviços de aborto, foi baleado e morto à porta da clínica onde trabalhava. Após este assassinato, os protestos continuaram a sua onda de violência e mais sete pessoas envolvidas na realização de abortos foram assassinadas em nome do movimento anti-aborto (Allina, Aron & Barajas-Roman, 2012). Em 2009, mais um provedor de aborto, George Tiller, foi baleado e morto por causa do seu trabalho (Stump & Davey, 2009). "A comunidade de profissionais do aborto pagou muito caro. Oito membros desta comunidade (quatro médicos, duas rececionistas, um acompanhante voluntário e um agente da polícia fora de serviço contratado para a segurança da clínica) foram assassinados por terroristas anti-aborto" (p. 54 Joffe, 2013)

A violência do movimento anti-aborto tem como objetivo impedir que as mulheres tenham acesso ao aborto. Um sítio Web chocantemente violento criado pelos anti-abortistas chama-se "Nuremberg Files" (Ficheiros de Nuremberga) e foi criado por um grupo chamado www.christiangallery.com. Apesar de suas crenças aparentemente cristãs, o site fornece os nomes, endereços e praticamente todas as informações pessoais disponíveis para os provedores de aborto nos EUA. O site também mantém uma lista atualizada de todos os provedores de aborto que foram assassinados, que foram feridos, e fornece fotos das placas de carro das pessoas que entram em clínicas de aborto em todo o país (Horsley, sin fecha). Este é apenas um exemplo das medidas extremas que o movimento anti-aborto toma para limitar o acesso ao aborto. Os manifestantes têm limitado a capacidade das mulheres de aceder ao aborto não só devido à diminuição de clínicas e médicos, mas também devido ao medo das pacientes de serem atacadas numa clínica. Um relatório feito pelo Center for Reproductive Rights (Centro de Direitos Reprodutivos) observa que, mesmo que não se pense que uma instalação esteja em perigo particular, o legado de ameaças passadas ainda tem um forte impacto sobre as pessoas envolvidas com o aborto (Allina, Arons, Barajas-Roman, 2012). Com a existência de sítios como este, não é de admirar que haja cada vez menos pessoas a formarem-se para serem prestadores de serviços de aborto (Rose, 2007).

Os protestos anti-aborto não se limitam às pessoas que trabalham nas clínicas, mas também aos seus familiares e a terceiros. Antes de assassinarem o Dr. George Tiller, os manifestantes anti-aborto certificaram-se primeiro de retirar o apoio de empresas das quais o Dr. Tiller e os seus pacientes dependiam. Os manifestantes assediaram uma empresa de táxi local, uma empresa de entrega de pizzas, um motel que oferecia tarifas reduzidas aos pacientes do Dr. Tiller e uma empresa de transporte de lixo (Joffe, 2013). Os protestos contra o aborto afectam até empresas completamente alheias aos serviços de aborto. Este ano, o proprietário de um restaurante, cujo restaurante se situa junto a uma clínica de aborto, anunciou que tinha de fechar o seu restaurante devido ao facto de os manifestantes anti-aborto que gritavam estarem a afugentar os seus clientes (Hall, 2013). Os manifestantes começaram mesmo a assediar bairros inteiros, cobrindo-os com panfletos, a fim de criar um ambiente hostil nos bairros, na esperança de proibir efetivamente o aborto (Allina, Aron & Barajas-Roman, 2012). Em 2011, manifestantes de Maryland foram à escola da filha de um provedor de aborto para protestar contra as práticas de trabalho de seu pai (ibid.). Os efeitos negativos do comportamento extremamente radical dos protestos anti-aborto atingem não só os prestadores de serviços de aborto e as suas pacientes, mas também as suas famílias, empresas e cidades.

Muitas clínicas sofreram atentados bombistas, fogo posto, tiroteios, esfaqueamentos e grandes quantidades de manifestantes com imagens grotescas de fetos abortados a bloquear a entrada. O assédio severo de que são vítimas tanto os trabalhadores das clínicas como as pacientes constitui um enorme impedimento para entrar no sector da interrupção voluntária da gravidez. Ao assustar as pessoas, tanto para fazer como para obter um aborto, o movimento anti-aborto está a atingir lentamente, e por vezes de forma violenta, o seu objetivo de tornar o aborto indisponível.

Conclusão

Embora o aborto seja tecnicamente legal nos Estados Unidos, as numerosas leis que restringem o acesso ao procedimento tornam-no quase impossível para algumas mulheres. As restrições impostas ao aborto não são vistas em nenhuma outra área médica. Estas restrições têm pouco a ver com padrões médicos elevados, mas antes com o desejo de impor crenças morais a uma população. Apesar de o aborto ser legal ao abrigo de *Roe v Wade (1973)*, são negados abortos a muitas mulheres devido à falta de financiamento. A falta de financiamento para abortos de mulheres com baixos rendimentos torna o aborto um privilégio que só pode ser obtido pelos mais afortunados. Num país onde a autonomia e a liberdade são tão fortemente valorizadas, por que razão determinados grupos socioeconómicos e raciais estão em desvantagem? Para garantir que a igualdade reine nos EUA, todas as pessoas do país devem ter oportunidades iguais de exercer seus direitos constitucionais. Para que o aborto se torne verdadeiramente legal e disponível nos EUA, é importante que o aborto seja visto como um direito e não como uma escolha (como expresso em *Roe v Wade (1973))*. No entanto, muitos estados têm deixado bem claro que podem e farão tudo o que estiver ao seu alcance para criminalizar o aborto.

Bibliografia

Allina, A., Arons, J., & Barajas-Roman, M. E. (2012). Condições pré-existentes: Como as restrições à cobertura do aborto e a marginalização dos cuidados abriram caminho para o tratamento discriminatório do aborto na reforma da saúde e não só. *Reproductive Laws For the 21st Century Papers Center for Women Policy Studies*, Recuperado 18 Marzo, 2013 http://centerwomenpolicy.org/programs/health/statepolicy/documents/REPRO_PreExistingConditions_Allina-Arons-Barajas-RomanFINAL.pdf

A Woman's Conern (sin fecha). Nossos Serviços. Recuperado 20 Mayo, 2013 http://www.awomansconcern.org/services.php

Breborowicz, GH (2001) Limits of fetal viability and its enhancement. Gravidez precoce. 5 de Enero 2001. (1):49-50

Centro para os Direitos Reprodutivos (2012) Jackson Women's Health Organization, et al. v. Mary Currier, et al. Recuperado 18 de Marzo 2013 http://reproductiverights.org/en/case/jackson-women's-health-organization-et-al- v-mary-currier-et-al

Lei Comstock de 1873. (sin fecha) *West's Encyclopedia of American Law, edição 2*. (2008). Recuperado 18 de Marzo, 2013 http://legaldictionary.thefreedictionary.com/Comstock+Law+of+1873

Conniff, R. (2011). Canceling Abortion Coverage [Cancelamento da cobertura do aborto]. *Progressive*, 75(7), 18-19.

Creanga, A., Shapiro-Mendoza, B., Bisch, C., Zane , S., Berg, C., & Callaghan, W. (2011).

Tendências na mortalidade por gravidez ectópica nos estados unidos: 1980-2007. *Obstetrics and Gynecology*, doi: 117(4):837-43. doi: 10.1097/AOG.0b013e3182113c10.

Dennis A et al., *The Impact of Laws Requiring Parental Involvement for Abortion: A Literature Review,* Nova Iorque: Instituto Guttmacher, 2009.

Recuperado 20 de Mayo, 2013

http://www.guttmacher.org/pubs/ParentalInvolvementLaws.pdf

Dudly, S. (2003) Economics of Abortion (Edição Revisada). Federação Nacional do Aborto. Recuperado 24 de Junio http://www.prochoice.org/pubs_research/publications/downloads/about_abortion/ economics_of_abortion.pdf

Editorial Board (26 de abril 2013) Virginia's assault on abortion claims a victim. *Washington Post* Recuperado 20 Mayo, 2013 http://articles.washingtonpost.com/2013-04-26/opinions/38843097 1 walk-in- clinics-planned-parenthood-health-department

Gonzalez, R. (2013, Enero 24). *A geografia do acesso ao aborto nos Estados Unidos*. Recuperado 20 de Mayo, 2013 http://io9.com/5978441/the-geography-of- abortion-access-in-the-united-states

Guttmacher Institute (1 de Mayo, 2013) Recusa de prestação de serviços de saúde. *Políticas de Estado em Resumo*. Recuperado 12 de Mayo, 2013

http://www.guttmacher.org/statecenter/spibs/spib_RPHS.pdf

Guttmacher Institute (1 de Mayo, 2013) Requisitos para a ultrassonografia. *Políticas estaduais em resumo* . Recuperado 12 de Mayo, 2013 http://www.guttmacher.org/statecenter/spibs/spib_RFU.pdf

Guttmacher Institute (1 de maio de 2013) State Funding for Abortion under Medicaid. *State Policies in Brief.* Recuperado 12 de Mayo 2013 http://www. guttmacher. org/statecenter/spibs/ spib SFAM.pdf

Horsley, N. (sin fecha) The Nuremberg Files. www.christiangallary.com

Recuperado 12 de Mayo 2013

http://www.christiangallery.com/atrocity/

Hoye, S. & Hostin, S. (14 de maio de 2013) Médico considerado culpado de homicídio em primeiro grau em caso de aborto em Filadélfia. *CNN.* Recuperado 12 de Mayo, 2013 http://edition.cnn.com/2013/05/13/justice/pennsylvania-abortion-doctor- trial/index.html

Joffe, C. (2013). Roe v. Wade e mais além. *Dissent* (00123846), 60(1), 54-59.

Lawless, J., Fox, R. (2012). Men Rule: The Continued Under-Representation of Women in Politics [A contínua sub-representação das mulheres na política]. Instituto Mulheres e Política. Washington DC. Universidade Americana. Recuperado 20 Junio, 2013 http://www.american.edu/spa/wpi/upload/2012-Men- Rule-Report-web.pdf

Maya (16 de maio de 2013). Legislador anti-escolha do Mississippi: Claro, as mulheres podem recorrer a abortos de cabide "mas hey ...". Feministing. Recuperado 20 de Mayo, 2013 http://feministing.com/2012/05/16/anti-choice-mississippi-lawmaker-sure- women-may-turn-to-coathanger-abortions-but-hey/

Medoff, M. H. (2010). State Abortion Policies, Targeted Regulation of Abortion Provider Laws, and Abortion Demand [Políticas Estaduais de Aborto, Regulamentação Específica das Leis sobre Provedores de Aborto e Demanda de Aborto]. *Review Of Policy Research*, 27(5), 577-594. doi:10.1111/j.1541-1338.2010.00460.x

Obstetrícia. (2013). En *Merriam-Webster.com.*

Recuperado 12 de Mayo, 2013, http://www.merriam-webster.com/dictionary/midwifery

NARAL Pro-Choice America (sin fecha) Regulamentação direcionada para os prestadores de serviços de aborto (TRAP). Recuperado 20 Mayo, 2013 http://www.prochoiceamerica.org/what-is-choice/fast-facts/issues-trap.html

Pichler, S. (Noviembre, 2009). Medical and Social Health Benefits Since Abortion was made Legal in the U.S. Planned Parenthood Federation of America. Recuperado 20 de abril, 2013 http://www.plannedparenthood.org/files/PPFA/med_social_benefits_2009-11.pdf

Planned Parenthood of Southeastern Pennsylvania v Casey (1992) 505 U.S. 833 Recuperado 12 de Mayo 2013 https://bulk.resource.org/courts.gov/c/US/505/505.US.833.91-902.91-744.html

Rose, M. (2007). Safe, legal, and unavailable? Abortion politics in the United States [Política de aborto nos Estados Unidos]. Washington, DC, EUA: CQ Press.

Conselho de Saúde do Texas (2003). A Woman's Right to Know (O direito da mulher de saber). Dell Publishing Company. Recuperado 12 de Mayo 2013 http://www.guttmacher.org/statecenter/spibs/spib_MWPA.pdf

O Projeto de Acesso ao Aborto (junho, 2003). O impacto do aborto ilegal. Recuperado 20 de abril, 2013 http://www.ourbodiesourselves.org/book/companion.asp?compID=100&id=20

A Emenda Hyde. Comité Nacional para uma Emenda à Vida Humana.

abril de 2008. Recuperado 18 de Marzo, 2013

http://www.nchla.org/datasource/ifactsheets/4FSHydeAm22a.08.pdf

Assembleia Geral das Nações Unidas (1965). Convenção sobre a Eliminação de Todas as Formas de Discriminação Racial. Resolução 2106 (XX), 21 de dezembro de 1965. Recuperado 3 Mayo, 2013 http://www.ohchr.org/EN/ProfessionalInterest/Pages/CERD.aspx

Gabinete do Censo dos EUA. (2009). Médicos por sexo e especialidade: 2009.

Recuperado 3 Mayo, 2013

http://www.census.gov/compendia/statab/2012/tables/12s0164.pdf

Vozella, L. (13 Septiembre, 2012) Virginia health board reverses its decision on abortionclinic rules. *Washington Post*. Recuperado 3 Mayo, 2013 http://www.washingtonpost.com/blogs/virginia-politics/post/virginia-health- board-reconsiders-abortion-clinic-regs/2012/09/13/d83ecf32-fe05-11e1-8adc-499661afe377_blog.html

Walden, Brianna (6 de abril, 2011) Estado da regulamentação das clínicas de aborto nos Estados. Centro de Pesquisa da Família. Recuperado 3 de Mayo, 2013 http://www.frcblog.com/2011/04/state-of-abortion-clinic-regulations-in-the-states/

Capítulo 4
CONTRACEPTIVOS

"O chefe dos programas de planeamento familiar durante o governo de George H.W. Bush foi citado como tendo dito: 'quando se tornou possível para as mulheres comprarem contraceptivos ... os homens perderam a sua masculinidade'" (p.56 Joffe, 2013)

Introdução

Um dos aspectos mais importantes dos cuidados de saúde sexual é a capacidade de ter e poder utilizar com segurança os dispositivos contraceptivos. Os dispositivos contraceptivos protegem mulheres e homens contra gravidezes não desejadas e doenças sexualmente transmissíveis. O debate sobre a contraceção tem seguido um caminho semelhante (e por vezes convergente) ao da controvérsia sobre o aborto nos Estados Unidos. Embora o governo dos Estados Unidos esteja lentamente a tornar-se mais permissivo em relação ao controlo da natalidade, as mulheres continuam a não ter acesso a cuidados de saúde sexual adequados.

Dado o atual clima político sobre o aborto nos Estados Unidos, é extremamente importante que as mulheres sejam protegidas da provação de ter de fazer um aborto. Num país de primeiro mundo como os Estados Unidos, existe uma maior expetativa de justiça e racionalidade. No entanto, este não é o caso dos cuidados de saúde reprodutiva nos Estados Unidos. Embora o movimento anti-aborto tenha feito grandes progressos na limitação do aborto, a contraceção tem vindo a ganhar cada vez mais apoio público. Infelizmente, enquanto o movimento a favor da contraceção acessível está a ganhar apoio, existe uma forte resistência que luta para restringir a acessibilidade da contraceção. Neste capítulo, serão analisadas a acessibilidade e a política da contraceção.

História

A história da contraceção nos Estados Unidos é surpreendentemente breve. Durante anos, a contraceção foi estritamente um privilégio, disponível para aqueles que tinham a sorte de ter dinheiro suficiente. Embora as restrições originais impostas ao controlo da natalidade se devessem à sua natureza sexual, mais tarde as restrições foram colocadas devido aos desejos capitalistas dos americanos. Atualmente, o movimento a favor de cuidados de saúde reprodutiva acessíveis tem um líder muito poderoso, o Presidente Barack Obama. O Presidente Obama introduziu mudanças fundamentais no domínio dos cuidados de saúde sexual.

O início do movimento contra a contraceção começou com a Lei Comstock de 1873. Tal como referido anteriormente, a Lei Comstock proibia a distribuição e o transporte de materiais "obscenos" (materiais que podiam ser utilizados para contraceção ou aborto) (Lei Comstock de 1873, sin fecha). Vinte e quatro estados promulgaram leis semelhantes a nível estatal e a nível federal (Kelves, 2001). Os historiadores acreditam que a Lei Comstock desempenhou um papel importante no facto de a contraceção não estar disponível para ninguém, a não ser para as mulheres ricas, que conseguiram obter dispositivos contraceptivos anunciados como "produtos de higiene feminina" até à Segunda Guerra Mundial (ibid.). No entanto, apesar de a distribuição e o transporte de contraceptivos terem sido tornados ilegais, o Supremo Tribunal manteve uma atitude mais permissiva em relação aos contraceptivos do que em relação ao aborto. O Supremo Tribunal declarou que o Congresso dos Estados Unidos não tinha o direito de proibir os dispositivos contraceptivos, permitindo a continuação, ainda que restrita, da utilização de contraceptivos (ibid.). Margaret Sanger, uma das mais importantes defensoras dos cuidados de saúde reprodutiva na história dos EUA, acreditava que a contraceção era parte integrante dos cuidados de saúde femininos e, por isso, decidiu abrir uma clínica de saúde para mulheres em 1916, apesar da ilegalidade das suas acções (Mary Sanger Papers Project, 2010). Em janeiro de 1917, Sanger e os seus colegas de trabalho foram acusados e condenados por violação da Lei Comstock. Após a sua condenação, Sanger recorreu da decisão do tribunal para o Tribunal de Apelações de Nova Iorque (o mais alto tribunal do estado de Nova Iorque). O tribunal decidiu manter a condenação de Sanger. No entanto, o juiz Frederick Crane permitiu uma interpretação mais liberal da Lei Comstock de Nova Iorque. Esta nova interpretação da lei permitia a distribuição de contraceptivos para efeitos de prevenção de doenças (ibid.). Apesar de o governo federal só ter aberto esta exceção à Lei Comstock em 1936, no caso *United States v One package (1963)*, Margaret Sanger tinha iniciado o movimento a favor do controlo de natalidade acessível. Ao longo de meados do século XX, os tribunais estaduais e federais continuaram a abrir excepções à Lei Comstock, tornando-a quase obsoleta (para mais informações sobre este assunto, consulte a história do aborto).

Nos anos 1920-30, Sanger continuou a sua luta pelo controlo da natalidade. Para tornar o controlo da natalidade mais respeitável, recrutou médicos para o movimento de controlo da natalidade, lutando para que os médicos fossem obrigados a colocar diafragmas, em vez de permitir que o consumidor os comprasse ao balcão. Ao trazer os médicos para a política de controlo da natalidade, Sanger teve os seguintes resultados: em primeiro lugar, ganhou muito mais apoio para a liberalização do controlo da natalidade; em segundo lugar, tornou o controlo da natalidade ainda menos disponível para as mulheres que não tinham acesso a um médico (Kelves, 2001). No entanto, dado que muitas mulheres não tinham acesso a um médico, ou tinham demasiada vergonha de falar sobre controlo de natalidade, em 1938 cerca de oitenta e cinco por cento dos produtos de controlo de natalidade vendidos nos Estados Unidos eram produtos de venda livre, e não produtos prescritos por um médico (ibid.).

O Supremo Tribunal interveio na prevenção da produção e transporte de dispositivos contraceptivos no processo *Youngs Rubber Corporation, Inc., contra C.I. Lee & CO., Inc., et al (1930)*. Este processo determinou que o fabrico de preservativos era uma atividade comercial legal, mas contornou a questão de saber se os preservativos em si mesmos eram legais. O Tribunal fez uma distinção entre o processo de fabrico do produto e o produto em si. Os juízes continuaram a dizer que o Congresso não tinha o poder de limitar o transporte por correio de artigos prescritos por médicos para promover a saúde dos seus pacientes (*Youngs Rubber...*, 1930). A evolução das atitudes em relação aos dispositivos contraceptivos estava a ocorrer, a contraceção estava a tornar-se algo que promovia a saúde em vez de algo que promovia as relações sexuais. A promoção das relações sexuais resultava da crença de que o acesso aos preservativos incentivaria a promiscuidade nos Estados Unidos. Na década de 1960, que é frequentemente referida como a "revolução sexual", a pílula contraceptiva ficou disponível e as mulheres tornaram-se mais dispostas a expressar as suas necessidades de saúde reprodutiva aos seus médicos, pelo que a utilização de contraceptivos se generalizou (Kelves, 2001).

Em 2001, ocorreu um caso extremamente importante no Supremo Tribunal. O Tribunal Distrital de Washington (um tribunal federal), no processo *Erickson v Bartell (2001)*, decidiu que a recusa de uma empresa em cobrir as necessidades de contraceção dos empregados, se esta fornecer cobertura para outros medicamentos, constitui uma violação dos direitos das mulheres. O juiz Lasnik declarou que "o Título VII [da Lei dos Direitos Civis de 1964] exige que as entidades patronais reconheçam as diferenças entre os sexos e ofereçam uma cobertura igualmente abrangente, mesmo que isso implique a concessão de benefícios adicionais para cobrir despesas exclusivas das mulheres" (Sauberman, 2002). Embora a Lei dos Direitos Civis seja uma lei federal e deva ter precedência a nível nacional, ainda há empresas que defendem que devem estar isentas do pagamento de controlo de natalidade aos seus empregados (ver a secção seguinte deste capítulo para mais informações sobre os actuais debates sobre controlo de natalidade).

Após estas decisões judiciais, o controlo da natalidade ficou sob o controlo das companhias de seguros de saúde, dos médicos e dos seus pacientes. Recentemente, o maior contribuinte para a inacessibilidade do controlo da natalidade é o custo. Apesar de três quartos das mulheres americanas em idade fértil terem seguros de saúde privados, as companhias de seguros cobram às mulheres uma percentagem mais elevada dos custos totais dos seus contraceptivos do que qualquer outro medicamento sujeito a receita médica. Estudos recentes demonstraram que as mulheres com seguro de saúde privado pagam até cinquenta por cento dos custos totais dos seus contraceptivos, ao contrário dos típicos trinta e três por cento dos medicamentos não contraceptivos (Center for American Progress, 2012). Apesar de uma criança ser da responsabilidade tanto de um homem como de uma mulher, os cuidados preventivos têm sido deixados principalmente para as mulheres. As mulheres não só suportam o fardo da gravidez, do parto ou do aborto, etc., como também suportam um fardo económico significativamente mais pesado. Um estudo mostra que, em média, as mulheres em idade reprodutiva gastam sessenta e oito por cento mais em cuidados de saúde do que os homens, devido à diferença na sua biologia (ibid.). Este encargo financeiro limita o acesso das mulheres aos cuidados preventivos. Os inquéritos mostram que, entre 2011 e 2012, uma em cada quatro mulheres que ganha menos de 75 000 dólares por ano adiou uma consulta médica para controlo da natalidade devido a limitações financeiras (ibid.). Mais de metade das mulheres admitiu ter utilizado incorretamente os seus métodos contraceptivos devido a proibições de custos (Center for American Progress, 2012).

Hoje

Atualmente, o Presidente Obama está a lutar pelo direito das mulheres aos contraceptivos. Em 2010, Obama aprovou uma lei chamada "Patient Protection and Affordable Care Act" (ACA). De acordo com esta nova lei, os prestadores de seguros de saúde (com algumas excepções) devem oferecer o pagamento de cuidados preventivos, incluindo todos os contraceptivos aprovados pela FDA, sem que a mulher que compra o contracetivo tenha de pagar do seu bolso. Prevê-se que uma em cada três (ou 47 milhões) mulheres terá acesso a cuidados preventivos ao abrigo da ACA (Healthcare.gov, 2013). Antes da criação da ACA, foi efectuado um estudo que concluiu que quase metade das mulheres que tinham feito um aborto entre 2000 e 2001 declararam não ter utilizado dispositivos contraceptivos (Rose, 2007). Um outro estudo concluiu que, entre as mulheres que fizeram vários abortos, uma das principais razões apontadas foi a falha dos dispositivos contraceptivos e o acesso limitado a esses dispositivos (incluindo o custo) (ibid.). Ao conceder um maior acesso ao controlo da natalidade, a ACA poderá reduzir não só as gravidezes não desejadas, mas também a taxa de abortos nos Estados Unidos. No entanto, não haverá uma mudança significativa nas estatísticas até que as políticas tenham tido tempo de entrar em vigor (e muitos aspectos da ACA só entrarão em vigor em 2014).

O problema mais relevante que os jovens enfrentam é o facto de, em grande parte, não terem seguro, o que dificulta ainda mais a assistência ao pagamento das facturas médicas. Embora a ACA tenha tornado os seguros de saúde mais disponíveis e menos dispendiosos, as pessoas que não têm seguro não podem tirar partido dos montantes reduzidos cobrados pelos seguros de saúde ao abrigo da ACA. Um relatório mostrou que cinquenta e nove por cento dos adultos com rendimentos entre $14.856 e $27.925 (vinte e um milhões de pessoas) estavam subsegurados ou não tinham seguro (Fitzgerald, 2013). Dado que "o rendimento médio dos adultos activos com idades compreendidas entre os 18 e os 34 anos é de 26 458 dólares" (Center for American Progress, 2012), muitas mulheres em idade reprodutiva enquadram-se na categoria de americanas sem seguro ou com seguro insuficiente. Mesmo após a implementação da ACA em 2010, a percentagem de americanos com idades compreendidas entre os 19 e os 25 anos que não tinham seguro apenas diminuiu de quarenta e oito por cento para quarenta e um por cento entre 2010 e 2012 (Fitzgerald, 2013). No entanto, esta diminuição do número de pessoas sem seguro com idades compreendidas entre os 19 e os 25 anos deve-se provavelmente ao facto de a ACA permitir que as pessoas com menos de 26 anos continuem a fazer parte dos planos de saúde dos pais.

Para as mulheres sem seguro nos Estados Unidos, os cuidados de saúde reprodutiva representam um enorme encargo financeiro. À semelhança do aborto, verificou-se que o maior encargo financeiro está a ser colocado sobre as mulheres com baixos rendimentos que já se encontram em desvantagem. Investigadores que utilizaram informações do Censo dos EUA de 2010 descobriram que "Quase todos os contraceptivos prescritos eram mais caros nos códigos postais de baixo rendimento" (Covert, 2013). O estudo mostrou que as diferentes marcas de pílulas contraceptivas têm diferentes gamas de custos; a Tri-Sprintec 28 custa entre 9 e 63 dólares, enquanto a Yaz pode custar entre 68 e 112 dólares e outras marcas chegam mesmo aos 1000 dólares (ibid.). Estes números mostram que as mulheres podem pagar entre $108 e $12.000 por ano pelos seus contraceptivos. O gráfico abaixo mostra os resultados de um estudo publicado em 2012, indicando os custos potenciais de diferentes métodos contracetivos sem seguro.

Contraceptive method	Out-of-pocket cost	Total potential cost without insurance
Oral contraceptives or "the pill"	**Doctor's visits:** $35 to $250 **Annual supply:** $15 to $80 per month, or $180 to $960 per year	$1,210 per year
Intrauterine devices, or IUDs	**Doctor's visit, device, insertion, and follow-up care:** $500 to $1,000	$1,000 every 5 to 10 years
Implanon	**Doctor's visits, device, and insertion:** $400 to $800 **Removal cost:** $100 to $300	$1,100 every three years
Injections	**Doctor's visits and follow-up care:** $55 to $290 **Quarterly injections:** $140 to $300 **Total cost per year:** $195 to $590	$590 per year
Birth control patch	**Doctor's visits:** $35 to $250 **Annual supply:** $15 to $80 per month, or $180 to $960 per year	$1,200 per year
Vaginal ring	**Doctor's visits:** $35 to $250 **Annual supply:** $15 to $80 per month, or $180 to $960 per year	$1,200 per year
Surgical sterilization	**Doctor's visits, surgery, and follow-up care:** $1,500 to $6,000	$6,000

*The low end of the price ranges are based on average cost for contraceptives with insurance and the high end represent the typical retail price without insurance. Oral contraceptives fluctuated significantly in retail price without insurance and in some cases the out-of-pocket retail cost may be higher than reflected.

(Centro para o Progresso Americano, 2012)

Embora tenha havido um grande apoio à ACA, muitos americanos estão a lutar para que a exigência de cuidados preventivos (contraceção) seja retirada da ACA. Em 2012, o Supremo Tribunal dos EUA ouviu o caso *National Federation of Independent Business v. Sebelius (2012)*. Neste caso, a questão em análise era saber se a exigência da ACA de fornecimento de seguro de saúde era ou não inconstitucional. Idealmente, se as pessoas não puderem pagar o seu próprio seguro de saúde, devem poder beneficiar de cuidados de saúde públicos. O tribunal decidiu que os requisitos da ACA se enquadravam na capacidade do Congresso de impor impostos, pelo que manteve a ACA (*National Federation of Independent* ..., 2012). Apesar de o Supremo Tribunal ter decidido manter a ACA neste caso, as pessoas continuam a lutar para a anular.

Outro conflito resulta do facto de a ACA conter uma cláusula que dita uma isenção para organizações religiosas sem fins lucrativos, permitindo-lhes evitar o pagamento de produtos de controlo da natalidade (Allen, 2013). (*Note-se que, uma vez que não existe um sistema nacional saúde nos Estados Unidos, a maioria dos americanos recebe cuidados de saúde através da sua entidade patronal). Atualmente, a Hobby Lobby, uma empresa com fins lucrativos, alega que é uma organização religiosa e que deve poder abster-se de pagar produtos contraceptivos aos seus empregados. O grupo Americans United for Separation of Church and State afirma que os proprietários da Hobby Lobby têm todo o direito de optar por se abster de utilizar dispositivos contraceptivos e de encorajar outros a fazer o mesmo. No entanto, o Tribunal decidiu que, uma vez que se trata de uma empresa com fins lucrativos no mercado secular, não podem impor as suas crenças religiosas aos seus empregados (Allen, 2013). Por outro lado, a Hobby Lobby alega que obrigá-la a fornecer controlo de natalidade aos seus empregados constitui uma violação do seu direito à liberdade de religião consagrado na Primeira Emenda (Brachear, 2013). Se estas empresas obtiverem uma exceção aos requisitos da ACA, as companhias de seguros serão obrigadas a fornecer contraceptivos. Até lá, as mulheres ficam à espera de saber quando poderão ter controlo sobre a sua própria saúde reprodutiva.

Outro caso envolve a empresa de construção Korte & Luitjohan Contractors, que apresentou as suas objecções ao Tribunal de Recurso do Sétimo Circuito dos Estados Unidos. A Korte & Luitjohan Contractors alega que as multas impostas às empresas que violam a lei da ACA que exige o pagamento de controlo da natalidade impõem um encargo substancial à empresa e, por conseguinte, violam a Constituição dos EUA (ibid.). A juíza Diane Sykes considerou que a questão atual não é saber se a ACA viola a Primeira Emenda, mas sim se a atuação com base nas crenças protegidas pela Primeira Emenda impõe um encargo substancial às empresas (Brachear, 2013). Isto significa que o tribunal não irá decidir se a ACA viola ou não a liberdade de religião dos americanos. Em vez disso, o tribunal examinará a ACA e se esta impõe um encargo substancial às empresas que agem de acordo com as suas convicções morais (que são protegidas pela sua liberdade de religião na Primeira Emenda). A decisão de *Erickson v Bartell (2001) Drug Co*, que determina que a recusa de prescrição de contraceptivos era uma violação dos direitos das mulheres, parece ter sido esquecida, ou pelo menos ignorada, pelos actuais decisores políticos dos EUA.

Embora os jovens tenham tido mais acesso aos seguros de saúde em termos de cuidados reprodutivos, há um grupo de pessoas que ficou de fora deste progresso: os menores. Tal como no caso do aborto, muitos Estados promulgaram leis que impedem os menores de poderem comprar contraceptivos. É encorajador o facto de vinte e um estados e Washington DC permitirem explicitamente que todos os menores consintam em serviços de contraceção (Minors' access to contraceptive...20)13). Vinte e cinco estados permitem que os menores consintam explicitamente com os serviços em situações específicas. Isto significa que, embora estes menores estejam tecnicamente autorizados a consentir nos serviços de contraceção, esse consentimento só é permitido num conjunto de circunstâncias específicas, como o perigo para a saúde do menor. Apenas os vinte e um estados e Washington D.C. mencionados anteriormente permitem que os menores consintam em serviços de contraceção quando decidem que é necessário. Desses vinte e cinco estados, a racionalidade que permite o acesso de menores à contraceção varia muito; vinte e um permitem a mulheres casadas, seis permitem a menores que estejam ou tenham estado grávidas, seis permitem a menores com o consentimento dos pais e apenas três estados permitem o acesso de menores à contraceção por motivos de saúde. Mais uma vez, as restrições impostas aos menores mostram o efeito desejado destas leis: restringir o acesso à contraceção na esperança de obrigar as pessoas a esperar para ter relações sexuais. O facto de um número significativamente maior de estados permitir o acesso de menores à contraceção se forem casados do que se tiverem uma necessidade médica mostra os valores familiares e morais que são impostos à política de contraceção. Apesar de o governo ter reconhecido a contraceção como algo relevante para a saúde da mulher, os estados continuam a vê-la como uma questão moral e não como uma questão de saúde.

Embora a ACA exija que os prestadores de cuidados de saúde paguem a contraceção, as mulheres enfrentam um problema com a disponibilidade física da contraceção. Num tribunal de recurso do Illinois, a decisão de *Morr-Fitz, Inc. v Quinn (2012)* abriu um precedente no sentido de os farmacêuticos poderem recusar-se a vender contraceptivos a alguém se tiverem objecções morais (DeRuyter, 2012). Os Estados Unidos promulgaram uma "Lei da Consciência" que protege "os profissionais de saúde da responsabilidade quando se recusam a agir de acordo com a sua consciência" (DeRuyter, 2012). Atualmente, seis estados promulgaram leis semelhantes, que permitem aos farmacêuticos recusar o acesso à contraceção ("Refusing to provide health services", 2013). Nas situações em que os farmacêuticos recusam o acesso à contraceção, estão a colocar o seu direito de agir de acordo com as suas crenças morais acima dos direitos de uma mulher a ter controlo sobre o seu corpo. O Supremo Tribunal ainda não decidiu qual desses direitos deve prevalecer (DeRuyter, 2012).

No entanto, ao contrário do aborto, há muitas formas de tornar o controlo da natalidade mais acessível às mulheres. O acesso à contraceção nos Estados Unidos tem, de facto, um aliado sempre importante, o capitalismo. Embora a produção e venda de contraceptivos possa ser designada como uma atividade comercial legítima, a contraceção nunca pode ser tornada ilegal. A Constituição dos Estados Unidos deixa bem claro que o governo não tem o direito de interferir com a prosperidade económica de uma empresa legítima se esta aderir às leis comerciais relevantes. Conceder às mulheres um acesso generalizado à contraceção permitir-lhes-ia ter relações sexuais seguras, sem riscos físicos, económicos e psicológicos.

Pílula do dia seguinte e contraceção sem receita médica

Enquanto a pílula contraceptiva e muitas outras formas de contraceção são geralmente aceites moralmente pelos americanos, a pílula do dia seguinte é muito mais controversa. Muitos americanos consideram a pílula do dia seguinte como uma forma menor de aborto. No entanto, muitos argumentam que um aborto é a remoção de um feto do útero antes da sua viabilidade ("aborto" n.d.). Para que um embrião se torne um feto, tem de ser implantado no útero da mulher e a pílula do dia seguinte não actua após a implantação do embrião no útero (U.S. Food and Drug..., 2006), pelo que a pílula do dia seguinte não cumpre os requisitos médicos para ser um aborto. A pílula do dia seguinte funciona impedindo a ovulação e, portanto, impedindo a fertilização dos óvulos da mulher. Caso o óvulo já tenha sido fertilizado, a pílula também pode impedir a implantação do óvulo fertilizado no útero. No entanto, como já foi referido, quando o embrião chega ao útero, a pílula torna-se ineficaz (ibid.). Apesar de muitos profissionais médicos acreditarem que o Plano B não é um medicamento abortivo, o acesso à pílula é negado a muitas mulheres devido às objecções morais dos seus prestadores de cuidados de saúde. Como já foi referido, muitos estados permitem que os profissionais de saúde neguem às mulheres o acesso à contraceção se tiverem objecções morais. Infelizmente para as mulheres, a pílula do dia seguinte é uma das formas mais controversas de contraceção e, por isso, é mais provável que lhes seja negado o acesso à pílula (Deruyter, 2012). Se o acesso à pílula do dia seguinte for negado a uma mulher, isso atrasará a sua capacidade de tomar a pílula, diminuindo a sua eficácia e a sua capacidade de se proteger de uma gravidez indesejada.

O Plan B tem sido extremamente eficaz na prevenção de gravidezes não desejadas. Um estudo publicado em 2007 referia que, nessa altura, o Plano B tinha conseguido evitar 51.000 gravidezes indesejadas e abortos (Rose, 2007). O Plano B é setenta e cinco por cento eficaz na prevenção de gravidezes e, quanto mais cedo for tomado após a relação sexual, a eficácia da pílula aumenta (ibid.). A relação entre o tempo passado após a relação sexual e a ingestão da pílula Plan B torna o acesso atempado à pílula extremamente importante. Verificou-se que os países que têm melhor acesso à pílula do dia seguinte registam taxas de aborto mais baixas (Rose, 2007). Este facto demonstra a importância da disponibilidade de contraceção para prevenir abortos e gravidezes indesejadas.

Uma das formas mais eficazes de alargar o acesso ao controlo da natalidade é tornar mais contraceptivos disponíveis sem receita médica. O Plano B é o único medicamento que obteve aprovação médica para ser vendido sem receita médica, que não foi autorizado a entrar no mercado de medicamentos disponíveis sem receita médica e, por conseguinte, muito limitado às mulheres que não podiam obter uma receita médica (Rose, 2007). Em 2001, o juiz Edward Korman, do Tribunal Distrital dos EUA, foi citado como tendo dito que a decisão de negar o acesso ao Plano B sem receita médica era "politicamente motivada, cientificamente injustificada e contrária aos precedentes da agência" (Kliff & Goldfarb, 2013). Recentemente, o juiz Edward Korman exigiu que a Food and Drug Administration (FDA) fornecesse o Plano B sem receita médica a todas as mulheres (Kliff & Goldfarb, 2013). Isto significa que qualquer mulher deve poder entrar numa farmácia e comprar contraceção de emergência, tal como o ibuprofeno. Apesar de a FDA ter decidido que o medicamento era seguro para mulheres de todas as idades, a administração Obama ignorou as conclusões dos cientistas da FDA e só permitiu a venda do Plano B a mulheres com quinze anos ou mais (ibid.). A decisão de Obama não se baseou nas provas científicas que lhe foram fornecidas, mas sim em crenças morais. Em 10 de junho de 2013, um Tribunal Distrital dos Estados Unidos respondeu a esta situação obrigando legalmente a Administração Obama a permitir a venda de contraceção de emergência a todas as mulheres em idade fértil sem receita médica, tal como recomendado pela FDA ("FDA approves Plan B...", 2013). A FDA aprovou o medicamento, afirmando que os estudos demonstraram que o acesso ao Plano B irá diminuir o número de gravidezes indesejadas nos Estados Unidos (Kliff & Goldfarb, 2013). Diminuir este número significa que as mulheres estão a tornar-se mais capazes de controlar os seus corpos e quando engravidam ou não. Dar às mulheres a possibilidade de aceder à contraceção de emergência, que deve ser tomada o mais rapidamente possível, nas farmácias sem receita médica é um passo muito importante na direção certa para os direitos das mulheres.

Outra melhoria importante para as mulheres seria a aprovação da pílula contraceptiva como um medicamento disponível sem receita médica. As pílulas contraceptivas são utilizadas nos Estados Unidos há quase cinquenta anos, um período de tempo que muitos outros medicamentos não foram capazes de suportar (Rosenthal, 2013). Em dezembro de 2012, o Colégio Americano de Obstetras e Ginecologistas publicou um documento em que afirmava a sua convicção de que a pílula contraceptiva deveria ser fornecida sem receita médica. Declararam que a pílula é menos perigosa do que muitos outros medicamentos vendidos nas farmácias, como o Sudafed, um medicamento comum para a constipação, que pode aumentar a tensão arterial (ibid.). Acreditam que as mulheres seriam capazes de tomar decisões informadas sobre o controlo da natalidade se um panfleto com informações sobre a pílula fosse inserido com o medicamento, como é exigido com todos os outros medicamentos (ibid.). O grupo afirma que "para a maioria das mulheres, o risco absoluto de tomar a pílula é muito menor do que o risco de uma gravidez" (Rosenthal, 2013). Infelizmente, o contracetivo não está atualmente disponível sem receita médica. Dado que se verificou que uma em cada três mulheres afirmou que tomaria a pílula contraceptiva se esta estivesse disponível sem receita médica (ibid.), tornar a pílula contraceptiva mais disponível ajudaria milhões de mulheres a ter mais controlo sobre a sua saúde reprodutiva.

Embora as mulheres ainda enfrentem muitos obstáculos para obter contraceptivos, como a indisponibilidade física ou a falta de fundos, estão definitivamente a ser feitos progressos. Os tribunais estão lentamente a reconhecer o perigo de permitir que as crenças morais entrem no domínio da política médica nos Estados Unidos. Para tornar os contraceptivos mais disponíveis, as mulheres deveriam poder comprá-los sem estarem sujeitas a receita médica. Já se verificou que muitas mulheres utilizariam a contraceção se esta estivesse mais disponível. Permitir às mulheres este acesso permitir-lhes-ia agir de acordo com o seu desejo de controlar a sua saúde reprodutiva.

Perspetiva do médico

Os médicos desempenham um papel muito importante nos cuidados de saúde das mulheres e deveriam ser uma fonte de apoio educado e informado. Infelizmente, não é esse o caso de muitos médicos nos Estados Unidos. Um estudo de 2010 revelou provas irrefutáveis de que os médicos americanos não estão preparados para ajudar as mulheres a controlar a sua saúde sexual. Este estudo concluiu que vinte e sete por cento dos médicos preferiam encaminhar uma mulher para outro médico para prescrever contraceptivos (Akers et al., 2010). Muitos profissionais de saúde não se sentiam à vontade para falar com as pacientes sobre métodos contraceptivos, acreditando que se uma paciente precisasse de contraceção, ela a pediria, ou que as pessoas que não eram sexualmente activas não precisavam de qualquer informação sobre relações sexuais seguras (ibid.). Dado que os médicos têm o controlo sobre os cuidados de saúde das mulheres, é muito preocupante que eles próprios se sintam pouco à vontade ou não estejam preparados para dar às mulheres conselhos médicos relevantes sobre os seus cuidados reprodutivos.

Muitos médicos não só não possuem as competências necessárias para falar com as suas pacientes sobre contraceção, como também não possuem conhecimentos médicos. O estudo concluiu que muitos médicos sentiam falta de conhecimentos sobre contraceção e escolhiam alguns tipos de contraceção, como os preservativos ou a pílula contraceptiva, e discutiam um leque limitado de opções (Akers et al., 2010). As clínicas que têm médicos que não se sentem à vontade com certos tipos de contraceção tendem a não encaminhar as suas pacientes para outros médicos, mais capazes de satisfazer as necessidades da mulher, por receio de perderem o rendimento dessa paciente (ibid.). Muitos médicos não se sentiam à vontade para discutir temas de natureza sexual com as suas pacientes, o que limitava seriamente a comunicação entre os médicos e as suas pacientes. Os médicos são o único recurso das mulheres para obterem controlo sobre a sua saúde reprodutiva. Se uma mulher não tiver os recursos disponíveis para obter controlo sobre a sua saúde reprodutiva, perde o controlo sobre um aspeto fundamental da sua autonomia.

A conclusão do estudo de 2010 de Akers et al foi que:

> "Os prestadores [de cuidados de saúde] consideravam, na sua esmagadora maioria, que não possuíam os conhecimentos e as competências necessárias para prestar aconselhamento contracetivo. Ao longo das últimas três décadas, os estudos têm relatado de forma consistente que a formação em contraceção para PCPs [Personal Care Providers] é insuficiente. As oportunidades para os profissionais obterem formação médica contínua (CME) relativamente aos avanços nos métodos contraceptivos também são limitadas. Assim,

a nossa constatação de que os prestadores de serviços referem uma esmagadora falta de conhecimentos, conforto e auto-eficácia na prestação de serviços de aconselhamento contracetivo não é surpreendente; no entanto, é desconcertante que este problema persista"

(p. 1169 Akers et al, 2010).

O facto de os "guardiães" da saúde reprodutiva das mulheres serem incapazes de prestar cuidados de saúde reprodutiva adequados às mulheres mostra bem a situação que as mulheres enfrentam nos Estados Unidos.

Conclusão

A contraceção é um dos aspectos mais fundamentais dos cuidados de saúde reprodutiva das mulheres. As mulheres têm manifestado o desejo, e mesmo a exigência, de poderem ter acesso à contraceção. Depois de o Presidente Obama ter aprovado a ACA, as mulheres seguradas ganharam a possibilidade de obter controlo de natalidade com uma maior contribuição financeira dos seus prestadores de seguros de saúde. No entanto, muitas mulheres continuam a não ter seguro ou a ter seguro insuficiente, o que as torna incapazes de aceder a dispositivos contraceptivos. Se a contraceção de emergência e a pílula contraceptiva fossem disponibilizadas sem receita médica, uma em cada três mulheres poderia ter mais controlo sobre as suas vidas. Embora os dispositivos contraceptivos sejam mais seguros do que muitos outros medicamentos mais populares, as pessoas continuam a afirmar que a sua disponibilização sem o critério de um médico seria perigosa. As crenças morais dos médicos e dos políticos estão a ser impostas às mulheres em todos os Estados Unidos. Infelizmente, o Governo dos Estados Unidos ainda não interveio na atual política de contraceptivos e permitiu que a ciência prevalecesse. Se as mulheres tivessem acesso ilimitado à contraceção, isso mudaria sem dúvida para melhor a vida de milhões de pessoas, não só das mulheres mas também das suas famílias.

Bibliografia

Aborto. (n.d.) *The American Heritage® Medical Dictionary*. (2007). Recuperado 24 de Mayo 2013 de http://medical-dictionary.thefreedictionary.com/abortion

Akers, A., Gold, M., Borrero, S., Santucci, A., Schwarz, E. (Junio, 2010) Providers' perspectives on challenges to contraceptive counseling in primary care settings. *Journal of Women's Health (15409996), 19(6), 1163-1170. doi:10.1089/jwh.2009.1735*

Allen, B. (28 de Marzo, 2013) AU defende mandato de controlo de natalidade. ABP News. Recuperado 23 de May0, 2013 http://www.abpnews.com/culture/politics/item/8347-au-defends-birth-control- mandate#. UZ 5j Re A7 ogt

Brachear, M. (22 de maio, 2013) Obrigação de benefícios de controlo de natalidade ilegais, disse o tribunal de recurso. *Chicago Tribune*. Recuperado 22 de Mayo http://articles.chicagotribune.com/2013-05-22/news/chi-mandating-birthcontrol- benefits-unlawful-appeals-court-told-20130522_1_appeals-court-business- owners-obama-administration

Center for American Progress (15 de Febrero 2012) Custos elevados do controlo de natalidade: Não é tão acessível quanto se pensa. Recuperado 23 de Mayo, 2013 http://www.americanprogress.org/issues/women/news/2012/02/15/11054/the- high-costs-of-birth-control/

Lei Comstock de 1873. (sin fecha) *West's Encyclopedia of American Law, edição 2*. (2008). Recuperado 18 de Marzo, 2013 http://legaldictionary. thefreedictionary. com/Comstock+Law+of+1873

Covert, B. (6 de maio, 2013) Os preços dos contraceptivos são mais elevados em algumas zonas de baixos rendimentos.

ThinkProgress. Recuperado 20 de Mayo, 2013 http://thinkprogress.org/economy/2013/05/06/1969931/birth-control-prices-low- income-areas/

DeRuyter, K. (19 de Noviembre, 2012) Pharmacists refusing to dispense OTC birth control. *Jornal de Direito, Ciência e Tecnologia de Minnesota*. Recuperado 20 de Mayo, 2013 http://blog.lib.umn.edu/mjlst/mjlst/2012/11/pharmacists-refusing-to-dispense-otc- birth-control.html

Fitzgerald, K. (26 de abril de 2013) Milhões de americanos ainda sem seguro adequado, mostra o inquérito. *Notícias Médicas Hoje*. Recuperado 20 de Mayo, 2013 http://www.medicalnewstoday.com/articles/259748.php

Food and Drug Administration (24 de agosto, 2006) A decisão da FDA relativamente ao Plano B: Perguntas e respostas. Última atualização 3 de abril, 2009.

Recuperado 23 de Marzo, 2013

http://www.fda.gov/drugs/drugsafety/postmarketdrugsafetyinformationforpatients andproviders/ucm109795.htm

Food and Drug Administration (20 de Junio, 2013) A FDA aprova o contracetivo de emergência Plan B One-Step para uso sem receita médica para todas as mulheres com potencial para engravidar. Recuperado 24 de Junio.

http://www.fda.gov/NewsEvents/Newsroom/PressAnnouncements/ucm358082.ht m

Guttmacher Institute (1 de Mayo, 2013) Acesso de menores a serviços contraceptivos. *Políticas de Estado em Resumo*. Recuperado 23 de Mayo, 2013 http://www.guttmacher.org/statecenter/spibs/spib_MACS.pdf

Guttmacher Institute (1 de Mayo, 2013) Recusa de prestação de serviços de saúde. *Políticas de Estado em Resumo*. Recuperado 23 de Mayo, 2013 http://www.guttmacher.org/statecenter/spibs/spib_RPHS.pdf

HealthCare.gov. (10 de maio, 2013) As mulheres e a Lei dos Cuidados Acessíveis

Recuperado 23 de Mayo, 2013

http://www.healthcare.gov/law/information-for-you/women.html

Joffe, C. (2013). Roe v. Wade e mais além. Dissent (00123846), 60(1), 54-59.

Kelves, D. (22 de julho, 2001) The Secret History of Birth Control. *New York Times*.

Recuperado 10 de abril, 2013

www.nytimes.com/2001/07/22/books/the-secret-history-of-birth-
http://control.html?pagewanted=all&src=pm

Kliff, S. Goldfarb, Z. (30 de abril, 2013) Venda livre da pílula do dia seguinte Plan B aprovada para maiores de 15 anos. *Washington Post*. Recuperado 20 de Mayo, 2013 http://articles.washingtonpost.com/2013-04-30/business/38931460 1 plan-b-one- step-obama-administration-pill

Projeto Mary Sanger Papert (3 de maio, 2010) Organizações de controlo de natalidade > Clínica de Brownsville/ Comité dos 100. Universidade de Nova Iorque. Recuperado 10 de Mayo 2013 http://www.nyu.edu/projects/sanger/secure/aboutms/organization brownsville cli nic.html

Federação Nacional de Empresas Independentes, et al. contra Kathleen Sebelius, Secretária da Saúde e dos Serviços Humanos, et al., 567 US ___ (2012)

Rose, M. (2007). Safe, legal, and unavailable? Abortion politics in the United States [Política de aborto nos Estados Unidos]. Washington, DC, EUA: CQ Press.

Rosenthal, E. (20 de abril, 2013). Chegou a hora das pílulas anticoncepcionais de prateleira? *Nova Iorque*

Horário. Recuperado 20 de Mayo, 2013 http://www.nytimes.com/2013/04/21/sunday-review/is-it-time-for-off-the-shelf- birth-control-pills.html?pagewanted=all&_r=1&

Sauberman, J. (14 de Marzo, 2002) Ericksonv. Bartell Drug Co. 141 F. Supp. 2d 1266

(W.D. Wash. 2001). *American University Journal of Gender, Social Policy & the*

Direito. Volume 10 Número 1, pp. 233-241

Recuperado 23 de Marzo, 2013

http://www.wcl.american.edu/journal/genderlaw/10/10-1saubermann.pdf

U.S. Food and Drug Administration (24 de agosto, 2006) Decisão da FDA relativamente ao Plano B: Perguntas e respostas. Última atualização 3 de abril, 2009.

Recuperado 23 de Marzo, 2013

http://www.fda.gov/drugs/drugsafety/postmarketdrugsafetyinformationforpatients andproviders/ucm109795.htm

Youngs Rubber Corporation, Inc., contra C.I. Lee & CO., Inc., et al 45 F.2d 103 (1930)

Recuperado 10 de Mayo, 2013
http://www.leagle.com/xmlResult.aspx?page=2&xmldoc=193014845F2d103 111 8 .xml&docbase=CSLWAR1 -1950-1985& SizeDisp=7

Capítulo 5
Educação sexual

Introdução

O sistema de ensino público dos Estados Unidos tem muitas exigências diferentes. Todas as escolas públicas dos Estados Unidos ensinam matemática, ciências, história e até educação física. Muitas escolas não fornecem uma educação abrangente sobre saúde sexual aos seus alunos. Apesar de o sistema educativo não reconhecer a sexualidade dos seus jovens, isso não altera o facto de 90% dos americanos terem relações sexuais antes do casamento e 50% antes de terminarem o ensino secundário (American Civil Liberties Union, n.d.). Ao não preparar as crianças para as potenciais consequências da sexualidade, não as protegemos e não lhes damos a capacidade de tomar decisões inteligentes.

Nos Estados Unidos existem dois programas de educação sexual: um é chamado "comprehensive sexual education" (educação sexual abrangente) e o outro é "abstinence-only until marriage" (abstinência apenas até ao casamento). A educação sexual abrangente é uma forma de educação que tenta incluir informação sobre os perigos das relações sexuais e transmitir conhecimentos sobre como os alunos se podem proteger desses perigos. Por outro lado, a educação para a abstinência apenas até ao casamento ensina aos alunos que a única forma segura de se protegerem dos riscos das relações sexuais é serem abstinentes até ao casamento. Estes dois programas são extremamente diferentes. A educação sexual abrangente é a única que reconhece que os jovens continuarão a ter relações sexuais antes do casamento com ou sem educação sexual. É uma abordagem mais realista da educação sexual porque reconhece que 95% dos americanos têm relações sexuais antes do casamento (Alford, n.d.).

Situação atual da juventude americana

Os Estados Unidos precisam desesperadamente de um programa de educação sexual que proteja os jovens. Infelizmente, os Estados Unidos têm uma das taxas de gravidez na adolescência mais elevadas do mundo, com mais de 750.000 mulheres grávidas com idades compreendidas entre os 15 e os 19 anos por ano, 80% das quais não foram intencionais ("Support the Real Education for Healthy Youth Act", n.d.). Como já foi referido, a contraceção de emergência (Plano B) é 75% eficaz ou mais se for tomada logo após a relação sexual. Se 80% das mulheres que sofreram gravidezes indesejadas tivessem a educação e a capacidade de tomar corretamente a contraceção de emergência e o tivessem feito, 450 000 mulheres adolescentes teriam sido protegidas contra uma gravidez indesejada.

Muitos adolescentes estão mal informados sobre os perigos do sexo e da contraceção. Um estudo que avaliou um programa de educação para a abstinência financiado pelo governo concluiu que 20% dos adolescentes não compreendiam totalmente a eficácia da contraceção. Verificou-se também que 25% dos adolescentes não compreendiam que os dispositivos contraceptivos orais não protegem contra doenças sexualmente transmissíveis (Alford, n.d.).

Os jovens também são mais susceptíveis de contrair doenças sexualmente transmissíveis (DST) com mais frequência do que os americanos mais velhos. O Centro de Informação e Educação sobre Sexualidade dos Estados Unidos constatou que, embora as pessoas com idades compreendidas entre os 15 e os 25 anos constituam apenas um quarto da população sexualmente ativa, representam cerca de metade das 19 000 pessoas que contraem DST anualmente ("Support the *Real Education for Healthy Youth Act*", n.d.). O Centro de Controlo de Doenças (CDC) calcula que cerca de um em cada quatro jovens americanos tem uma DST. Outro facto preocupante é que os jovens constituem um terço das 50.000 pessoas que contraem o VIH - o que significa que mais de 16.500 jovens contraem doenças sexualmente transmissíveis incuráveis todos os anos (ibid.). Há muitas maneiras diferentes de um adolescente evitar gravidezes indesejadas e doenças; no entanto, é evidente que eles não se estão a proteger adequadamente contra estes perigos.

A comunidade lésbica/gay/bissexual/transgénero (LGBT) é extremamente assediada, especialmente nas escolas. Um inquérito recente revelou que nove em cada dez adolescentes LGBT afirmaram ter sido vítimas de assédio no último ano ("Support the *Real Education for Healthy Youth Act*", n.d.). Dois terços dos jovens LGBT americanos declararam que se sentiam inseguros e um terço deles faltou pelo menos um dia à escola por temerem pela sua segurança (ibid.). Estes números são extremamente preocupantes. Os jovens LGBT devem ter os mesmos direitos constitucionais que qualquer outro americano, incluindo o direito a um ambiente de aprendizagem seguro. Os três direitos inalienáveis de vida, liberdade e busca da felicidade estão claramente consagrados na Declaração de Independência dos EUA. Certamente, um ambiente de aprendizagem seguro e livre de brutalidade física está incluído nesses direitos. Além disso, alguns estudos mostraram que existe uma relação entre a educação apenas para a abstinência e as atitudes negativas em relação à comunidade LGBT, o que sugere que uma educação sexual abrangente pode não só proteger os jovens americanos fisicamente, mas também emocionalmente.

O gráfico abaixo mostra os estados que aceitaram financiamento governamental para a educação apenas para a abstinência em 2009. Este gráfico também mostra que vinte e três estados não aceitaram fundos do governo para a educação apenas para a abstinência. No entanto, vinte e sete estados aceitaram financiamento governamental para os programas. Quando um estado aceita financiamento para programas de educação para a abstinência, é obrigado a fornecer também um determinado montante de financiamento estatal. Ex. 43 dólares de financiamento estatal por cada 100 dólares de financiamento federal [Administration for Children and Families, 2011]). Dado o grande investimento financeiro em educação apenas para a abstinência, os estados que aceitam dinheiro federal para estes programas estão profundamente investidos neste tipo de programas educativos.

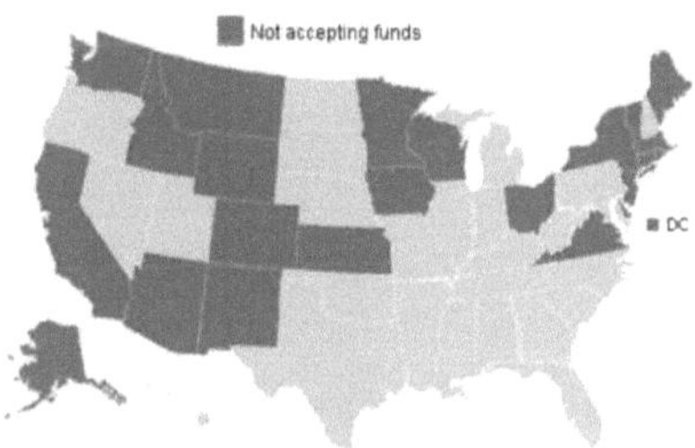

(Boonstra, 2009)

Educação para a abstinência até ao casamento

A educação para a abstinência apenas até ao casamento é uma forma extremamente perigosa e irresponsável de ensinar a juventude dos EUA. A educação para a abstinência ignora as muitas formas diferentes de prevenir as DST e a gravidez para ensinar aos alunos os valores da castidade. Embora seja verdade que a abstinência sexual é a única forma garantida de proteger as pessoas das DST, é uma crença ingénua que os adolescentes deixarão de se envolver em actividades sexuais porque os seus professores dizem que é mau ou inseguro.

Apesar de se ter verificado que a educação para a abstinência é ineficaz, as escolas continuam a implementar os programas. A Lei de Proteção do Paciente e Cuidados Acessíveis (ACA) delineia os parâmetros da educação para a abstinência e define-a como tendo "o seu objetivo exclusivo, ensinando os ganhos sociais, psicológicos e de saúde a serem obtidos pela abstinência da atividade sexual" (Administration for Children and Families, 2011). Diz ainda que os programas ensinam "a abstinência de atividade sexual fora do casamento como o padrão esperado para todas as crianças em idade escolar" (ibid.). Estes programas defendem que "a atividade sexual fora do contexto do casamento é suscetível de ter efeitos psicológicos e físicos prejudiciais" (ibid.). A concentração que a educação apenas para a abstinência coloca no casamento é uma grande preocupação para muitos americanos.

A mensagem da educação apenas para a abstinência expressa que o casamento é o comportamento esperado para todos os seres humanos. Dado que o casamento entre homossexuais ainda não é uma forma legal de casamento em todas as partes dos Estados Unidos, a educação apenas para a abstinência discrimina a comunidade LGBT simplesmente pela sua definição de uma relação normal. Os programas também são de muito pouca utilidade para os estudantes LGBT, uma vez que não abordam questões críticas como a sexualidade, os direitos legais aos cuidados de saúde e as formas de aceder a serviços de saúde reprodutiva (Alford, n.d.) Para os adolescentes que possam estar a debater-se com a sua identidade sexual, os programas só de abstinência podem até ser prejudiciais. Ao estigmatizar a homossexualidade e ao designá-la como algo desviante ou imoral, as necessidades individuais dos estudantes LGBT estão a ser ignoradas (ibid.). Os programas de abstinência só até ao casamento, centrados na moral, encorajam os jovens LGBT a fingir que são heterossexuais ou a manterem-se abstinentes para sempre (ibid.).

Muitos programas de abstinência exclusiva fornecem informações degradantes e falsas sobre a homossexualidade. Um relatório analisou os diversos programas de abstinência exclusiva e concluiu que oitenta por cento continham "informações falsas, enganosas ou distorcidas sobre saúde reprodutiva" (p. i, Prepared for Rep..., 2004). O Projeto Clara Bell Duvall, criado pela União Americana das Liberdades Civis, publicou um artigo intitulado "Abstinence- Only Education Harms LGBT Youth" (A educação exclusiva para a abstinência prejudica os jovens LGBT), citando as muitas formas diferentes como a educação exclusiva para a abstinência prejudica os estudantes LGBT. O seu relatório concluiu que muitos programas de abstinência apenas se referem à homossexualidade quando falam das repercussões negativas do sexo, como as doenças sexualmente transmissíveis (Clara Bell Duvall. n.d.). Um programa só de abstinência, *Sex Respect*, é citado como tendo dito " 'A SIDA (Síndrome de Imunodeficiência Adquirida), a DST mais comum entre homossexuais, bissexuais e consumidores de drogas intravenosas, chegou agora aos círculos heterossexuais' " (ibid.). O manual dos professores desse mesmo programa é citado como dizendo "'a atividade homossexual envolve um risco especialmente elevado de transmissão do VIH'" (Clara Bell Duvall... n.d.). Ao promoverem estas falsas crenças sobre a homossexualidade, os programas de abstinência apenas aumentam a discriminação sofrida pelos jovens LGBT. É possível ver uma relação entre o aumento do financiamento dos programas só de abstinência e o aumento do assédio nos Estados Unidos. Na página 58, encontra-se um gráfico que mostra o financiamento concedido à educação apenas para a abstinência nos EUA. Esta ignorância assegura que os americanos LGBT não possam viver as suas vidas sem perseguição e agressão.

O ponto de vista dos programas de abstinência sobre o casamento também é discriminatório para muitos americanos. De facto, em 2005, quarenta e um por cento de todos os residentes dos EUA com 18 anos ou mais eram solteiros e quarenta e nove por cento dos agregados familiares em todo o país eram chefiados por um homem ou mulher solteira (Alford, n.d.). Ao defender que as pessoas esperem até ao casamento para se envolverem em actividades sexuais, os programas de abstinência exclusiva estão a ignorar esta realidade e a impor as suas crenças de que o casamento é o caminho "correto e normal" a milhões de estudantes que provavelmente nunca se casarão.

Os programas de educação apenas para a abstinência podem até estar a violar a Constituição dos Estados Unidos. Graças à Declaração de Direitos, todos os americanos têm liberdade de expressão. No entanto, para os professores de abstinência, esse direito é severamente limitado. Qualquer professor de um programa de abstinência financiado pelo governo deve aderir estritamente às diretrizes do governo para a educação para a abstinência. Estas diretrizes proíbem estritamente o ensino da utilização de dispositivos contraceptivos e dos recursos disponíveis para as pessoas que necessitam de cuidados de saúde reprodutiva (Alford, n.d.). Embora seja verdade que a maior parte do financiamento governamental vem acompanhado de certas diretrizes, essas diretrizes não devem ser estabelecidas para proteger a moral de uns poucos, pondo em perigo a saúde física da juventude americana. Ao proibir os professores de violar qualquer assunto que possa ser imoral ou promover a sexualidade, como mostrar aos alunos como usar corretamente um preservativo, o governo está a forçar os professores a reter informação que poderia potencialmente ajudar, ou mesmo mudar a vida dos seus alunos.

Um estudo aprofundado concluiu que os programas de abstinência exclusiva contêm informações falsas, e até mesmo de influência religiosa. O estudo concluiu que os programas de educação sexual forneciam informações falsas sobre dispositivos contraceptivos, como o "facto" de os preservativos não protegerem contra a gravidez e o VIH em 31% das vezes, ou que a gravidez ocorre numa em cada sete situações de utilização de preservativos (Prepared for Rep..., 2004). No entanto, a FDA declarou que, quando os preservativos são usados corretamente, apenas três em cada cem relações sexuais terminam numa gravidez (Food and Drug Administration [FDA], n.d.). O relatório constatou que havia muitos casos em que eram apresentadas informações falsas

"Vários currículos citam um estudo erróneo de 1993 sobre a eficácia dos preservativos, que foi desacreditado pelas autoridades federais de saúde. O estudo de 1993, realizado pela Dra. Susan Weller, analisou uma série de estudos sobre a eficácia dos preservativos e concluiu que os preservativos reduzem a transmissão do VIH em 69%. As conclusões da Dra. Weller foram rejeitadas pelo Departamento de Saúde e Serviços Humanos, que emitiu uma declaração em 1997 informando o público de que 'a FDA e o CDC acreditam que esta análise é incorrecta' " (p.8 Prepared for Rep., 2004)

Se os jovens acreditarem que os preservativos são ineficazes, terão menos probabilidades de os utilizar. Esta informação incorrecta dada pelos programas de educação para a abstinência pode impedir os jovens de usarem preservativos quando, de outra forma, o poderiam ter feito.

Muitas vezes, a educação para a abstinência também contém informações falsas sobre o aborto. Os programas afirmam que 5 a 10% das mulheres que se submetem a um aborto ficam estéreis por causa da operação, embora os livros didáticos de obstetrícia ensinem que a fertilidade praticamente não é afetada pelo aborto (Prepared for Rep., 2004). Outra informação cientificamente incorrecta oferecida pelos programas de abstinência é que, se uma mulher se submeteu a um aborto, é mais provável que o seu próximo filho nasça com deficiências mentais ou prematuramente, embora a comunidade científica não apoie esta afirmação (ibid.).

A educação apenas para a abstinência também promove estereótipos sexistas, que colocam as mulheres em risco de cair em papéis estereotipados estabelecidos pela sua educação. Um programa de abstinência apenas diz: "Assim como uma mulher precisa de sentir a devoção de um homem por ela, um homem tem uma necessidade primária de sentir a admiração de uma mulher. Admirar um homem é olhar para ele com admiração, prazer e aprovação. Um homem sente-se admirado quando as suas caraterísticas e talentos únicos a surpreendem" (p.17 Prepared for Rep..., 2004). Este tipo de educação promove o desamparo das mulheres, promovendo o pensamento de que "'o pai dá a noiva ao noivo porque ele é o único homem que teve a responsabilidade de a proteger durante toda a sua vida. Agora está a dar a sua filha ao único outro homem que assumirá esse papel protetor" (p. 7, Prepared for Rep.., 2004). Ao ensinar às mulheres que os homens são os seus protectores, mostra-lhes que elas são indefesas e precisam da proteção masculina. Esta afirmação não só é falsa e sexista, como também promove a crença de que todas as mulheres devem estar com homens, uma grande quantidade de mulheres americanas prefere estar com outras mulheres do que com homens.

Apesar da grave incredibilidade dos programas de educação para a abstinência, o governo continua a gastar milhões de dólares com eles. Em 2011, o Programa de Educação para a Abstinência foi incluído na Lei de Proteção do Paciente e Cuidados Acessíveis. O programa dedica 50 milhões de dólares de fundos federais de 2011 a 2014 (Administration for Children and Families, 2011). Além disso, esta grande soma de dinheiro não é a primeira vez que o governo paga pela educação apenas para a abstinência, embora antes do ano fiscal de 2010 o governo não tivesse atribuído qualquer financiamento para a educação sexual abrangente (A Brief History of Federal Funding for Sex Education and Related Programs, n.d.). A Advocates for Youth publicou o seguinte gráfico sobre o financiamento federal para programas de abstinência: Financiamento federal para programas de abstinência ($ em milhões)

Funding by federal fiscal year	**'82-96***	**'97**	**'98**	**'99**	**'00**	**'01**	**'02**	**'03**	**'04**	**'05**	**'06**	**'07**
State funding under §510**			$50	$50	$50	$50	$50	$50	$50	$50	$50	$50
CBAE						$20	$40	$55	$75	$104	$113	$113
Additional Earmarks***									$4	$4		
AFLA ****	$4	$9	$9	$10	$10	$10	$12	$12	$12	$13	$13	$13
Total	$4	$9	$59	$60	$60	$80	$102	$117	$141	$171	$176	$176

* Financiamento médio anual

** O financiamento estatal ao abrigo da Secção 510 mostra apenas a contribuição federal. Os Estados são obrigados a fornecer 3 dólares por cada 4 dólares federais que recebem.

*** Para além dos três fluxos de financiamento tradicionais, pelo menos 3,75 milhões de dólares foram afectados em 2004 e 2005 noutras leis de financiamento para programas de abstinência apenas até ao casamento, incluindo 3,15 milhões de dólares para 30 programas na Pensilvânia. Outras destinações em 2004 incluíram: $100.000 para o Project Reality, $250.000 para o Best Friends em Washington, DC, e $250.000 para o Medical Institute for Sexual Health (MISH) em Austin, TX.

***Parte do programa dedicada a programas só de abstinência

(Howell, n.d.)

O facto é que numerosas investigações patrocinadas pelo governo concluíram que a educação apenas para a abstinência não só é ineficaz como também contém informação falsa e enganadora, sendo que alguma dessa informação promove mesmo a discriminação. Se olharmos para o gráfico, podemos ver que, entre 2001 e 2006, se registou um aumento dramático do financiamento público da educação para a abstinência. Outra tendência observada entre 2001 e 2006 foi um aumento da proporção de gravidezes indesejadas (Mosher et al., 2012). Ao reter informação que poderia potencialmente proteger os jovens, o sistema educativo está a prestar um mau serviço aos seus alunos e à sociedade americana.

Educação sexual abrangente

A educação sexual abrangente é um programa que tem como objetivo ensinar os alunos sobre os perigos das relações sexuais e as diferentes formas de se protegerem durante as relações sexuais. Estes programas têm quatro objectivos:

> 1) "Fornecer informações exactas sobre a sexualidade humana
>
> 2) proporcionar uma oportunidade para os jovens desenvolverem e compreenderem os seus valores, atitudes e percepções sobre a sexualidade
>
> 3) ajudar os jovens a desenvolver relações e competências interpessoais
>
> 4) ajudar os jovens a exercer responsabilidade no que respeita às relações sexuais, o que inclui abordar a abstinência, as pressões para se envolverem prematuramente em relações sexuais e o uso de contraceptivos e outras medidas de saúde sexual". (Sexuality Education Q&A, n.d.)

Estes objectivos mostram a diferença surpreendente entre os objectivos da abstinência e da educação sexual abrangente. A educação para a abstinência tem claramente como objetivo transmitir moral tanto sobre o sexo como sobre o casamento (até mesmo sobre os papéis dos géneros e a sexualidade). A educação integral, por outro lado, tenta transmitir conhecimentos científicos aos seus alunos, a fim de os ajudar a tornarem-se adultos intelectuais capazes de tomar decisões inteligentes.

A educação sexual abrangente ganhou muito apoio público nos Estados Unidos. Um estudo concluiu que 72% dos pais de alunos do ensino básico e 65% dos pais de alunos do ensino secundário consideram que o governo deve financiar programas de educação sexual abrangente ("On Our Side..." 2007). 93% dos pais de alunos do primeiro ciclo do ensino básico e 91% dos pais de alunos do ensino secundário consideram que a educação sexual é importante e deve ser ensinada nas escolas (ibid.). Dada a esmagadora maioria das pessoas que acreditam que a educação sexual é importante, e acreditam que a educação sexual abrangente é o programa mais merecedor de financiamento federal, é chocante que o governo continue a gastar milhões de dólares na educação apenas para a abstinência.

A comunidade científica também apoia fortemente a educação sexual abrangente. A Academia Americana de Pediatria afirma que a melhor forma de promover a saúde dos jovens seria educá-los tanto sobre os benefícios da abstinência como da contraceção ("In Good Company.", 2007). O Institute for Medicine recomenda que "o Congresso, bem como outros responsáveis políticos federais, estatais e locais, eliminem as exigências de que os fundos públicos sejam utilizados para a educação apenas para a abstinência e que os estados e os distritos escolares locais implementem e continuem a apoiar uma educação sexual abrangente adequada à idade e a disponibilização de preservativos". (p.1 "In Good Company.", 2007). Outro grupo médico, a Society for Adolescent Medicine (Sociedade para a Medicina do Adolescente), declarou que acredita que os programas sexuais abrangentes são a melhor forma de promover a saúde sexual dos jovens, afirmando que "'O financiamento atual para programas apenas de abstinência deve ser substituído por financiamento para programas que ofereçam uma educação sexual abrangente e medicamente correta'" (p.1. "In Good Company.", 2007). A Associação Americana de Saúde Pública também publicou uma declaração em apoio à substituição da educação apenas para a abstinência por uma educação sexual abrangente (ibid.). Com a quantidade esmagadora de apoio da comunidade científica, bem como dos pais americanos, é chocante que os governos estaduais e federais continuem a despejar dinheiro em programas de educação apenas para a abstinência que foram considerados, na melhor das hipóteses, medicamente incorrectos e ineficazes e, na pior, perigosos e desinformativos.

Os benefícios de uma educação sexual abrangente podem ser vistos de várias maneiras diferentes. Um inquérito recente revelou que as mulheres que tinham recebido aconselhamento contracetivo no último ano tinham um risco 80% menor de não utilizar contraceção (Lee et al., 2011). Isto mostra a importância não só da educação contraceptiva, mas também de uma educação continuada durante um longo período de tempo. Um outro inquérito revelou que as estudantes universitárias tinham seis vezes mais probabilidades de utilizar contraceção se tivessem falado com um representante dos serviços de saúde (ibid.). Melhorar a utilização da contraceção geraria uma enorme melhoria na saúde geral e no bem-estar dos jovens nos Estados Unidos.

A utilização de contraceptivos diminui o número de gravidezes não desejadas. Verificou-se que a contraceção é responsável por uma diminuição de 86% na taxa de gravidez na adolescência entre 1995 e 2002; apenas 14% da diminuição de 86% (para mulheres dos 15 aos 19 anos) foi atribuída ao declínio da atividade sexual (Alford, n.d.). Apesar de esta mudança dramática nas práticas reprodutivas ter levado a um declínio da taxa de natalidade na adolescência para 40,4 nascimentos por 1000 mulheres, os Estados Unidos continuam a ter uma das taxas de natalidade na adolescência mais elevadas do mundo desenvolvido (ibid.). Este facto demonstra a clara necessidade de uma mudança na educação reprodutiva dada aos americanos. Em 2002, cerca de 49% das gravidezes nos Estados Unidos não foram planeadas, o que levou a 1,3 milhões de abortos e a 1,4 milhões de nascimentos não planeados. A promoção do uso de contraceção poderia salvar as mulheres das dificuldades de uma gravidez indesejada, bem como evitar um custo social significativo (Lee et al., 2011).

Provas científicas demonstraram que programas de educação sexual mais abrangentes podem ajudar os adolescentes a retardar a atividade sexual, a diminuir o número de parceiros sexuais e a aumentar a utilização de contraceptivos (Alford, n.d.). Embora não exista uma matéria específica que possa ser ensinada para alcançar estes objectivos, vários currículos diferentes têm-se revelado eficazes (ibid.). Para que os programas sejam verdadeiramente eficazes, devem identificar claramente a importância da abstinência e da utilização de contraceptivos como decisões responsáveis que um adolescente pode tomar, ter uma duração superior a algumas semanas, ensinar competências de comunicação adequadas, ter em conta a pressão dos pares e respeitar a idade, as experiências sexuais (por exemplo, a homossexualidade) e a cultura das pessoas no programa (Alford, n.d.). Embora estes sejam apenas alguns dos aspectos importantes de uma educação abrangente eficaz, podemos ver que estes currículos cruciais não são cumpridos pelos programas de educação apenas para a abstinência. Para conseguir reduzir a taxa de gravidez na adolescência, bem como a taxa de DST, os Estados Unidos devem implementar programas mais eficazes de educação sexual abrangente e eliminar os actuais programas de abstinência apenas.

Conclusão

Os Estados Unidos registam uma das taxas de gravidez na adolescência mais elevadas do mundo moderno (Lee et al., 2011). Os efeitos negativos da gravidez na adolescência podem ser sentidos por toda a sociedade americana, e não apenas pela adolescente grávida. A comunidade científica, bem como os pais, têm demonstrado um forte apoio a uma educação abrangente que o governo dos EUA ainda não conseguiu cumprir. Se o financiamento dos programas de educação sexual fosse baseado em provas científicas que comprovassem a eficiência do programa a educação apenas para a abstinência não seria predominante nos EUA. O governo está a ignorar a opinião popular das pessoas diretamente envolvidas na questão, bem como as provas que demonstram que a educação para a abstinência é ineficaz, a fim de apelar a um determinado grupo político, o que resulta num fracasso em proteger os melhores interesses dos cidadãos americanos - especialmente a comunidade LGBT e as mulheres. Para corrigir este erro, o financiamento federal da educação apenas para a abstinência deve ser eliminado e redireccionado para programas de educação sexual abrangente.

Bibliografia

Administração para Crianças e Famílias (2011). *Lei dos Cuidados ao Paciente e dos Cuidados Acessíveis: Programa de Educação para a Abstinência*: 93.235. Departamento de Saúde e Serviços Humanos https://www.cfda.gov/?s=program&mode=form&tab=step1&id=9e59aef1537fc59 114fdf60adbe92d10

Alford, S. (sin fecha) Programas de abstinência somente até o casamento: Ineficazes, antiéticos e de má saúde pública. Advocated for Youth. Puesto al d^a en 2007 por Keefe, J. Recuperado 21 de Mayo, 2013 http://www.advocatesforyouth.org/storage/advfy/documents/pbabonly.pdf

União Americana das Liberdades Civis (sin fecha). Oponha-se ao financiamento federal da educação apenas para a abstinência! Recuperado 21 de Mayo, 2013 http://www.aclu.org/oppose-federal-funding-abstinence-only-education

Boonstra, H. (2009). Os defensores apelam a uma nova abordagem após a era da educação "apenas para a abstinência". *Guttmacher Policy Review*, *12*(1). Recuperado 21 de Mayo, 2013 http://www.guttmacher.org/pubs/gpr/12/1/gpr120106.html

Clara Bell Duvall Project (n.d.) Abstinence-only education harms LGBT youth. União Americana das Liberdades Civis. Recuperado 21 de Mayo, 2013 http://www.aclupa.org/downloads/LGBT.pdf

Food and Drug Administration (19 de maio, 2009) Condoms: Barreiras às más notícias. Recuperado 22 de Mayo, 2013 http://www.fda.gov/ForConsumers/ByAudience/ForPatientAdvocates/HIVandAIDSActivities/ucm126370.htm

Howell, M (sin fecha). A história do financiamento federal da abstinência apenas. Advocates for Youth. Colocado à venda em 2001 por Keefe, J.

Recuperado 21 de Mayo, 2013

http://www.advocatesforyouth.org/storage/advfy/documents/fshistoryabonly.pdf

Lee, J.; Parisi, S.; Akers, A.; Borrerro, S., & Schwarz, E. (2011). The Impact of Contraceptive Counseling in Primary Care on Contraceptive Use [O Impacto do Aconselhamento Contracetivo nos Cuidados Primários na Utilização de Contraceptivos]. JGIM: Journal Of General Internal Medicine, 26(7), 731-736. doi:10.1007/s11606-011-1647-3 Recuperado 22 de Mayo, 2013 http://www.ncbi.nlm.nih.gov/pmc/articles/PMC3138576/

Mosher, W.; Jones, J.; Abama, J. (24 de Julio, 2012) Intended and Unintended Births in the

United States: 1982-2010. *National Health Statistics Reports*, 55. Puesto al d^a 20 de Diciembre, 2013. Recuperado 22 de Mayo, 2013 http://www.cdc.gov/nchs/data/nhsr/nhsr055.pdf

Preparado para o Deputado Henry A. Waxman (2004). The Content of Federally Funded Abstinence-Only Education Programs [O Conteúdo dos Programas de Educação para a Abstinência Financiados pelo Governo Federal]. Câmara dos Representantes dos Estados Unidos, Comité de Reforma Governamental, Pessoal da Minoria, Divisão de Investigações Especiais; Washington D.C.

Recuperado 22 de Mayo, 2013

http://www.apha. org/apha/PDF s/HIV/The Waxman Report.pdf

Conselho de Educação de Informação sobre Sexualidade dos Estados Unidos (sin fecha). A Brief History of Federal Funding for Sex Education and Related Programs (Uma breve história do financiamento federal para educação sexual e programas relacionados). Recuperado 23 de Mayo, 2013

http://www.siecus.org/index.cfm?fuseaction=page.viewPage&pageID=1341&nodeID=1

Conselho de Educação em Informação sobre Sexualidade dos Estados Unidos (sin fecha). Perguntas e Respostas sobre Educação em Sexualidade. Recuperado 22 de Mayo, 2013 http://www.siecus.org/index.cfm?fuseaction=page.viewpage&pageid=521&grandparentID=477&parentID=514

Centro de Informação e Educação em Sexualidade dos Estados Unidos (sin fecha). Apoie a *Lei de Educação Real para Jovens Saudáveis*. Recuperado 21 de Mayo, 2013 http://www.siecus.org/index.cfm?fuseaction=page.viewPage&pageID=1347&nodeID=1

Sexuality Information Education Council of the United States (outubro de 2007). Do nosso lado: Public Support for Comprehensive Sexuality Education. Recuperado 21 de Mayo, 2013.

http://www.siecus.org/_data/global/images/public_support.pdf

Sexuality Information Education Council of the United States (outubro de 2007). Em boa companhia: Quem apoia a Educação Integral em Sexualidade? Recuperado 21 de Mayo, 2013 http://www.siecus.org/_data/global/images/in_good_company.pdf

Capítulo 6

Gravidez indesejada: Estatísticas e efeitos

Introdução:

Os Estados Unidos têm uma das taxas de gravidez indesejada mais elevadas do mundo desenvolvido e os efeitos negativos destas gravidezes afectam todos os membros da sociedade americana. As pessoas mais obviamente afectadas pelas gravidezes não desejadas são as mulheres grávidas. No entanto, as mulheres não são as únicas afectadas por estas gravidezes. Estudos demonstraram que o impacto económico das gravidezes indesejadas tem um custo social considerável (Lee et al., 2011). O acesso ao aborto, à contraceção e a uma educação sexual abrangente poderia ter um efeito considerável no progresso da sociedade americana. Ao evitar gravidezes indesejadas, poderiam ser evitados milhares de abortos; nasceriam menos crianças em famílias com baixos rendimentos; e as crianças nascidas seriam mais saudáveis.

Pessoas afectadas

A população mais afetada negativamente pela gravidez indesejada é a das mulheres com baixos rendimentos. Um estudo realizado pelo Centro de Controlo e Prevenção de Doenças (CDC) indica que as gravidezes não desejadas representaram 14% dos nascimentos em 2006-2010. Uma proporção extremamente elevada dessas gravidezes indesejadas, que terminaram num parto, foi vivida por mulheres com baixos rendimentos. Cerca de 44,9% dessas gravidezes indesejadas foram registadas por mulheres com 0-149% do limiar federal de pobreza, 28% por mulheres com 099%. As mulheres que se encontravam entre 150 e 299% do limiar de pobreza foram responsáveis por 18,16% das gravidezes indesejadas, 6,36% eram mulheres com 300% do limiar de pobreza e apenas 2,5% eram mulheres com 400% do limiar de pobreza (Mosher et al., 2012). Estes números mostram a enorme disparidade entre as mulheres economicamente estáveis e as mulheres com baixos rendimentos.

Embora existam muitas razões possíveis para que as mulheres com baixos rendimentos tenham mais gravidezes indesejadas do que as mulheres ricas, o acesso ao aborto, ao controlo da natalidade e a uma educação sexual adequada ajudam a reduzir estas percentagens. Dados de 1995 e 2002 indicam que as mulheres pobres têm menos probabilidades de utilizar contraceptivos do que as mulheres acima do limiar de pobreza (Finer & Henshaw, 2006). Estes números representam milhões de crianças que nasceram na pobreza, em famílias que não estavam economicamente preparadas para cuidar de uma criança. Isto significa que milhões de crianças enfrentaram, muito provavelmente, maiores desafios no que respeita à educação, à saúde e ao nível de vida.

As mulheres jovens também têm gravidezes indesejadas com mais frequência do que as mulheres mais velhas. Um estudo concluiu que a taxa de gravidez indesejada das mulheres entre os 18 e os 24 anos era a mais elevada de todos os grupos etários (Finer & Henshaw, 2006). O estudo concluiu que as mulheres deste grupo etário tinham uma gravidez indesejada em cada dez mulheres (ibid.). Estes números são extremamente reveladores sobre as pessoas que correm maior risco de ter uma gravidez indesejada. Outro estudo revelou que os Estados Unidos têm uma das taxas de gravidez na adolescência mais elevadas do mundo, com mais de 750.000 mulheres grávidas entre os 15 e os 19 anos por ano ("Support the *Real Education for Healthy Youth Act*", n.d.). É lamentável que, num país com tantos recursos, tantas mulheres jovens tenham de sofrer uma gravidez indesejada.

As mulheres que sofrem uma gravidez não desejada têm mais probabilidades de ter um passado mais problemático. Verificou-se que as gravidezes indesejadas que terminam com um nado-vivo estão frequentemente associadas a maus-tratos físicos e violência, tanto no ano anterior à conceção como durante a gravidez. Verificou-se também que estas mulheres têm mais probabilidades de ter crescido num agregado familiar disfuncional (Amaral et al., 2007). As mulheres consideradas como tendo vivido em agregados familiares disfuncionais são mulheres que foram expostas a maus tratos psicológicos, físicos ou sexuais em criança (ibid.).

Dado que as adolescentes e as mulheres com baixos rendimentos são provavelmente os dois grupos de mulheres menos equipados para poderem ter um filho, é desanimador o facto de serem as populações que registam mais gravidezes indesejadas. Os filhos são uma enorme responsabilidade financeira e emocional, e a incapacidade de satisfazer essas necessidades pode causar um ambiente negativo para a mãe e o seu filho, bem como para quaisquer outros filhos que essas mulheres possam já ter.

Gravidezes em situação de pobreza

Há muitos problemas com o facto de se estar grávida e viver na pobreza. Uma mulher grávida que viva em situação de pobreza terá mais dificuldades em obter cuidados pré-natais, uma alimentação adequada e uma habitação condigna. Como já foi referido, 44,9% dos nascimentos indesejados são registados por mulheres em situação de pobreza (Mosher et al., 2012). Como mencionado nos capítulos anteriores, há muitas formas de as mulheres obterem controlo sobre a sua saúde reprodutiva, como o acesso ao aborto, à contraceção e a uma educação sexual adequada, o que permitiria às mulheres evitar as consequências negativas da gravidez na pobreza.

Um estudo recente concluiu que as mulheres em situação de pobreza e de quase pobreza têm muito mais probabilidades de passar por uma série de dificuldades. Um estudo concluiu que a pobreza e a quase pobreza estavam "fortemente associadas a diversos indicadores de saúde precária, nutrição inadequada, habitação ou outras condições médicas relacionadas com a saúde, bem como à exposição a condições de stress com menos recursos para lidar com elas" (p.21 Braveman et al., 2010). As mulheres que vivem na pobreza têm menos probabilidades de ter sistemas de apoio social, e a falta desses sistemas de apoio tem muitos efeitos físicos e emocionais adversos, incluindo o resultado da gravidez (por exemplo, peso à nascença ou nascimentos prematuros) (ibid.).

Os estudos revelaram que as mulheres em situação de pobreza têm mais probabilidades de sofrer não só uma maior variedade de dificuldades, mas também um maior número de dificuldades. Uma das dificuldades mais adversas que uma mulher pode enfrentar é a situação de sem-abrigo. Este estudo mostra que 6% das mulheres com baixos rendimentos são sem-abrigo durante a pobreza, por oposição a 0,4% das mulheres que não vivem na pobreza (Braveman et al., 2010). O gráfico abaixo inclui uma análise aprofundada das dificuldades que as mulheres de diferentes grupos de rendimento enfrentam durante a gravidez.

Table 2 continued

	Number of respondents	Total weighted %	0–200% of the FPL (low-income) n = 81,349[b]			0–100% of the FPL (poor) n = 49,772[b]			101–200% of the FPL (near-poor) n = 31,572[b]			201% or more of the FPL n = 48,748[b]		
			%	95% CI		%	95% CI		%	95% CI		%	95% CI	
				Lower limit	Upper limit		Lower limit	Upper limit		Lower limit	Upper limit		Lower limit	Upper limit
Total[a]	n = 143,452[b]	100.0	52.8	52.4	53.3	31.8	31.4	32.2	21.0	20.7	21.4	38.0	37.6	38.4
Parity (total live births)														
First birth	58,972	40.5	36.9	36.3	37.4	36.9	36.2	37.6	36.8	36.0	37.7	43.2	42.5	43.8
2–4th birth	76,691	55.5	57.5	56.9	58.1	56.4	55.6	57.1	59.2	58.3	60.1	55.1	54.4	55.8
5th birth or more	6,910	4.1	5.6	5.4	5.9	6.8	6.4	7.1	3.9	3.6	4.3	1.7	1.6	1.9
Hardships during the year before delivery														
Specific hardships														
Had a lot of bills she couldn't pay	37,469	25.5	37.0	36.5	37.6	39.8	39.1	40.6	32.8	31.9	33.7	10.8	10.4	11.3
Involuntary job loss of respondent	15,793	11.2	16.1	15.7	16.6	19.6	19.0	20.2	10.9	10.3	11.5	4.1	3.1	4.4
Job loss of spouse/partner	19,514	14.0	19.4	19.0	19.9	22.9	22.2	23.5	14.3	13.6	14.9	6.5	6.1	6.8
Separation or divorce	15,194	9.9	14.7	14.3	15.2	17.7	17.2	18.3	10.2	9.7	10.8	2.8	2.5	3.0
Domestic violence	5,084	3.2	4.8	4.6	5.1	6.1	5.8	6.5	2.8	2.5	3.2	0.8	0.7	0.9
Homelessness	5,831	3.9	6.0	5.7	6.3	8.4	8.0	8.8	2.3	2.1	2.6	0.4	0.3	0.5
Incarceration of respondent or partner	7,873	4.9	7.7	7.4	8.0	10.0	9.6	10.5	4.2	3.8	4.5	0.9	0.8	1.1
Any hardship[c]														
One or more hardships	27,226	41.0	56.5	55.9	57.1	62.5	61.7	63.2	47.5	46.5	58.4	19.3	18.8	19.9
One hardship	14,473	22.1	27.4	26.9	27.9	27.4	26.7	28.1	27.4	26.5	28.2	14.3	13.8	14.8
Two hardships	7,290	11.2	16.5	16.1	17.0	18.6	18.0	19.2	13.4	12.8	14.1	3.9	3.6	4.1
Three hardships	3,352	5.0	8.0	7.7	8.3	10.1	9.7	10.6	4.8	4.4	5.2	0.8	0.7	1.0
Four or more hardships	2,111	2.8	4.6	4.3	4.8	6.4	6.0	6.7	1.9	1.7	2.2	0.4	0.3	0.5

Note: Based on chi-square statistics, each hardship or number of hardships was associated with income (P = 001). Based on logistic regression models, the likelihood of experiencing a given hardship, or the presence of one or more hardships, decreased significantly with increasing levels of income

FPL = federal poverty level

CI = confidence interval

[a] Women with missing income are not shown (9.3% CI: 9.0, 9.4)

[b] Unweighted: 2002–2006 combined

[c] Maximum of 7 hardships in PRAMS were included in this study

(p. 27 Braverman et al., 2010)

Table 2 Prevalence of maternal characteristics and hardships among women in different income groups: PRAMS 2002–2006

	Number of respondents	Total weighted %	0–200% of the FPL (low-income) $n = 81,349^b$			0–100% of the FPL (poor) $n = 49,772^b$			101–200% of the FPL (near-poor) $n = 31,572^b$			201% or more of the FPL $n = 48,748^b$		
			%	95% CI Lower limit	95% CI Upper limit	%	95% CI Lower limit	95% CI Upper limit	%	95% CI Lower limit	95% CI Upper limit	%	95% CI Lower limit	95% CI Upper limit
Total[a]	$n = 143,452^b$	100.0	52.8	52.4	53.3	31.8	31.4	32.2	21.0	20.7	21.4	38.0	37.6	38.4
Characteristics														
Race/ethnicity														
American Indian/Alaska Native	7,053	1.5	2.0	1.9	21.0	2.3	2.2	2.5	1.6	1.4	1.7	0.6	0.5	0.7
Asian/Pacific Islander	12,410	4.0	3.4	3.2	3.6	3.2	3.0	3.4	3.8	3.5	4.1	4.6	4.4	4.9
Black Non-Hispanic	21,787	14.7	19.9	19.5	20.3	23.9	23.3	24.4	13.8	13.2	14.4	5.5	5.2	5.8
Black Hispanic	214	0.1	0.2	0.1	0.2	0.2	0.1	0.2	0.2	0.1	0.3	0.0	0.0	0.1
White Non-Hispanic	79,993	63.6	53.7	53.1	54.2	45.2	44.5	46.0	66.4	65.6	67.3	82.9	82.4	83.4
White Hispanic	16,802	13.0	16.8	16.4	17.3	20.6	20.0	21.2	11.2	10.6	11.8	4.7	4.4	5.1
Other	4,219	3.1	4.0	3.8	4.3	4.7	4.4	5.0	3.1	2.8	3.4	1.6	1.4	1.7
Completed education														
Less than high school	26,537	19.1	27.0	26.5	27.5	36.2	35.5	37.0	13.0	12.4	13.7	2.3	2.0	2.5
High school grad/GED	47,033	30.7	40.6	40.1	41.2	41.5	40.7	42.2	39.4	38.4	40.3	16.8	16.2	17.3
Some college	32,996	23.3	23.3	22.8	23.8	18.0	17.5	18.6	31.3	30.5	32.2	25.5	24.9	26.1
College graduate	34,918	26.9	9.1	8.7	9.4	4.3	4.0	4.6	16.3	15.6	17.0	55.5	54.8	56.2
Age, years														
15–17	5,227	3.3	3.9	3.7	4.1	4.9	4.6	5.2	2.3	2.0	2.6	0.5	0.4	0.6
18–19	11,080	7.1	10.1	9.8	10.5	13.3	12.8	13.8	5.4	5.0	5.8	1.1	1.0	1.2
20–34	107,926	76.3	77.6	77.2	78.1	74.8	74.2	75.5	81.9	81.2	82.6	77.3	76.8	77.9
35+	18,895	13.4	8.4	8.1	8.7	7.0	6.6	7.4	10.5	9.9	11.1	21.1	20.5	21.7
Marital status at delivery														
Unmarried	53,361	64.2	51.9	51.3	55.5	63.7	63.0	64.4	34.0	33.1	34.9	8.8	8.4	9.3
Married	89,984	35.8	48.1	47.6	48.7	36.3	35.6	37.1	66.0	65.1	66.9	91.2	90.8	91.6
Insurance coverage by the end of pregnancy														
Medicaid	54,732	37.7	59.6	59.0	60.2	75.1	74.5	75.8	36.2	35.3	37.1	3.8	3.5	4.1
Private	65,853	52.1	27.1	26.5	27.6	12.0	11.5	12.5	49.7	48.7	50.7	92.0	91.6	92.4
Both	6,319	4.2	6.4	6.2	6.7	5.4	5.0	5.7	5.0	7.6	8.5	1.2	1.1	1.4
Uninsured	5,209	3.9	4.2	3.9	4.4	4.3	4.0	4.6	4.0	3.6	4.4	2.1	1.9	2.3
Other	2,883	2.1	2.8	2.6	3.0	3.3	3.0	3.6	2.1	1.8	2.4	0.9	0.8	1.0

(p.28 Braveman et al., 2010)

Gravidez indesejada

Os riscos relacionados com a gravidez aumentam no caso de gravidezes não desejadas. Muitos estudos descobriram uma relação entre a saúde do feto e a intenção da mulher de engravidar. As gravidezes indesejadas também têm mais probabilidades de terminar num aborto. Para diminuir a taxa de abortos e melhorar a vida das mulheres e dos seus filhos, os Estados Unidos deveriam fazer um grande esforço para diminuir a taxa de gravidezes não desejadas nos Estados Unidos.

As gravidezes indesejadas que resultam em aborto têm graves consequências negativas para as mulheres. O CDC informa que, em 2006, 49% das gravidezes não foram planeadas (Mosher et al., 2012). Um estudo concluiu que cerca de metade das gravidezes indesejadas terminam em aborto, o que significa que cerca de 24% de todas as gravidezes serão interrompidas por mulheres que não tinham intenção de engravidar (Finer & Henshaw, 2006). Estudos internacionais descobriram que, em países onde o aborto é ilegal e inseguro, muitas mulheres morreram devido a gravidezes indesejadas. O aborto causou aproximadamente 400.000 das 700.000 mortes resultantes de gravidezes indesejadas (Amaral et al., 2007). As gravidezes indesejadas podem ter um resultado mortal para milhares de mulheres, no entanto, as gravidezes indesejadas também têm um impacto negativo na criança criada pela gravidez indesejada.

As mulheres que têm uma gravidez indesejada também têm menos probabilidades de tomar medidas preventivas para proteger a sua saúde e a do feto. Concluiu-se que as mulheres que levam a gravidez indesejada até ao fim são mais susceptíveis de ter um risco acrescido de se envolverem em comportamentos com resultados prejudiciais para a saúde do feto (Finer & Henshaw, 2006). As mulheres que têm uma gravidez indesejada e decidem dar à luz têm maior probabilidade de continuar a consumir álcool e a fumar. O álcool e os cigarros têm inúmeros efeitos adversos no feto, incluindo uma baixa taxa de natalidade (que pode levar à morte) e deficiências mentais (ibid.). As mulheres que vivem abaixo do limiar federal de pobreza têm três vezes mais probabilidades de se envolverem em actividades perigosas para a saúde, como beber e fumar, do que as mulheres que auferem um salário pelo menos igual ao dobro do limiar de pobreza (ibid.).

As gravidezes indesejadas também estão associadas a cuidados pré e pós-natais mais deficientes. As mulheres que têm gravidezes indesejadas são mais susceptíveis de esperar mais tempo para iniciar os cuidados pré-natais, como a toma de vitaminas pré-natais e o abandono de hábitos pouco saudáveis (Amaral et al, 2007). Os bebés que nascem devido a gravidezes indesejadas têm um tempo de gestação mais curto, um peso mais baixo à nascença e também têm menos probabilidades de receber leite materno (ibid.). Todos estes factores são essenciais para o bem-estar de uma criança recém-nascida. Se uma mãe não estiver emocional, física e economicamente preparada para ter um filho, toda a família da mãe pode sofrer, especialmente o feto.

As gravidezes indesejadas têm mais probabilidades de resultar numa série de dificuldades, tanto para a mãe como para a criança. Infelizmente, é mais provável que as mulheres com baixos rendimentos e os seus filhos tenham um estilo de vida pouco saudável ou passem por dificuldades. Embora os efeitos negativos de uma gravidez indesejada sejam claramente sentidos com mais intensidade pelas pessoas diretamente envolvidas na situação, as gravidezes indesejadas também têm um impacto negativo no conjunto dos americanos.

Economia

Embora muitas pessoas acreditem que investir no aborto, na contraceção e na educação sexual constitui um enorme encargo económico, as gravidezes indesejadas são, na verdade, mais pesadas. Só a utilização de contraceptivos permite poupar quase 19 mil milhões de dólares em custos médicos diretos por ano (Trussell et al., 2009). Como já foi referido, uma grande percentagem de gravidezes indesejadas é vivida por mulheres com baixos rendimentos. As mulheres em situação de pobreza são mais susceptíveis de necessitar de financiamento público para cuidar adequadamente dos seus filhos, utilizando dinheiro que pode ser mais bem gasto noutros programas públicos, como a educação sexual abrangente.

Numerosos estudos concluíram que evitar gravidezes indesejadas permite poupar uma grande quantidade de fundos públicos. A maior poupança pública resulta do facto de se evitar que uma gravidez não desejada seja levada a termo. Exceto em caso de doença grave, uma das despesas médicas mais dispendiosas que uma mulher terá de suportar é o custo do parto. Um estudo efectuado pela March of Dimes revelou que o custo total de um parto vaginal era de 7 737 dólares e de 10 958 dólares para uma cesariana (cerca de 29% dos partos foram feitos por cesariana) (Thomson Healthcare, 2008). O parto é responsável por mais de 20% de todas as admissões hospitalares, o que significa que um dos processos médicos mais frequentes é o parto (ibid.).

Dado que a Lei de Proteção do Paciente e de Cuidados Acessíveis proporciona às mulheres uma cobertura financeira alargada dos custos médicos, os fundos públicos serão utilizados para uma maior quantidade de despesas médicas devido a gravidezes indesejadas (especialmente gravidezes indesejadas para mulheres com baixos rendimentos).

Outros estudos foram efectuados para comparar o dinheiro gasto em prevenção (como a distribuição de contraceptivos e a educação sexual) e compará-lo com o que foi poupado devido à prevenção de partos e de DST. Foi realizado um estudo na Califórnia que mediu os ganhos económicos da prestação de cuidados preventivos aos cidadãos. Os serviços preventivos prestados na Califórnia incluíam "todos os métodos contraceptivos aprovados pela FDA, esterilização, testes de VIH, rastreio e tratamento de DST" (p. 1962 Amaral et al., 2007). Amaral et al. constataram que:

> "as gravidezes indesejadas evitadas pelo projeto de demonstração de planeamento familiar da Califórnia em 2002 teriam implicado 1,1 mil milhões de dólares em despesas públicas no prazo de 2 anos e 2,2 mil milhões de dólares no prazo de 5 anos, significativamente mais do que os 403,8 milhões de dólares gastos no projeto. Cada dólar gasto gerou poupanças de 2,76 dólares em 2 anos e 5,33 dólares em 5 anos"
>
> (p.1960 Amaral et al., 2007).

O programa serve mais de 1,4 milhões de homens e mulheres e evitou cerca de 205.000 gravidezes, 94.000 nascimentos e 79.000 abortos (Amaral et al., 2007). O estudo concluiu que "ao reduzir as despesas públicas com a saúde e a assistência social resultantes de gravidezes indesejadas, cada dólar gasto no PACT Familiar poupou ao sector público 2,76 dólares até 2 anos e 5,33 dólares até 5 anos após a gravidez" (p. 1977). Amaral et al., 2007). Os benefícios fiscais da prevenção de crianças não desejadas fazem-se sentir em toda a sociedade americana. Verificou-se que, ao investir mais dinheiro em cuidados preventivos, o governo dos EUA poderia acumular uma grande quantidade de poupanças.

Conclusão

As gravidezes indesejadas têm muitos efeitos adversos, incluindo cuidados pré-natais incorrectos e custos elevados para o público. As mulheres com baixos rendimentos são as mais susceptíveis de sofrer uma gravidez indesejada, tornando uma população já desfavorecida ainda mais carenciada. Estas mulheres têm também menos probabilidades de poder cuidar do seu filho, tanto antes como depois do parto. As mulheres com baixos rendimentos já são obrigadas a passar por uma série de dificuldades que as mulheres mais ricas conseguem evitar, o que sugere que deveria ser feito um esforço maior para ajudar esta população de mulheres a evitar as dificuldades da gravidez. No entanto, a política dos EUA não evoluiu para reconhecer estas dificuldades e as formas relativamente fáceis de as evitar.

Bibliografia

Amaral, G., Foster, D., Biggs, M., Jasik, C., Judd, S., & Brindis, C. D. (2007). Public Savings from the Prevention of Unintended Pregnancy: A Cost Analysis of Family Planning Services in California. *Health Services Research,* 42(5), 19601980. doi:10.1111/j.1475-6773.2007.00702.x

Braveman P, Marchi K, Libet M, et al. (Enero 2010) Poverty, Near-Poverty, and Hardship Around the Time of Pregnancy. *Maternal & Child Health Journal* [serial online]. janeiro de 2010;14(1):20-35. Disponível em: Academic Search Alumni Edition, Ipswich, MA. Recuperado 22 de Mayo, 2013.

Finer LB, Henshaw SK (2006). Disparities in rates of unintended pregnancy in the United States, 1994 and 2001 (Disparidades nas taxas de gravidez indesejada nos Estados Unidos, 1994 e 2001). *Perspectives on Sexual and Reproductive Health.* 2006;38:90-6.

Recuperado 22 de Mayo, 2013

http://onlinelibrary.wiley.com/store/10.1363/3809006/asset/3809006.pdf?v=1&t=hh6d4rwy&s=a0b897554a17ce51745f962657c880a3b6b4b2dc

Lee, J., Parisi, S., Akers, A., Borrerro, S., & Schwarz, E. (2011). The Impact of Contraceptive Counseling in Primary Care on Contraceptive Use [O Impacto do Aconselhamento Contracetivo nos Cuidados Primários na Utilização de Contraceptivos]. JGIM: *Journal Of General Internal Medicine*, 26(7), 731-736. doi:10.1007/s11606-011-1647-3

Mosher, W.; Jones, J.; Abama, J. (24 de Julio, 2012) Intended and Unintended Births in the United States: 1982-2010. *National Health Statistics Reports*, 55. Centro de Controlo e Prevenção de Doenças. Puesto al d^a 20 de Diciembre, 2013. Recuperado 22 de Mayo, 2013 http://www.cdc.gov/nchs/data/nhsr/nhsr055.pdf

Centro de Informação e Educação em Sexualidade dos Estados Unidos (sin fecha). Apoie a *Lei de Educação Real para Jovens Saudáveis*. Recuperado 21 de Mayo, 2013 http://www.siecus.org/index.cfm?fuseaction=page.viewPage&pageID=1347&nod eID=1

Thomson Healthcare (2008). Os custos de saúde de ter um bebé. The March of Dimes. Recuperado 22 de Mayo, 2013 http://www.marchofdimes.com/downloads/The_Healthcare_Costs_of_Having_a _Baby.pdf

Trussell, J.; Lalla, A.; Doan, Q.; Reyes, E.; Pinto, L.; Gricard, J. (2009). Cost effectiveness of contraceptived in the United States. *Contraception* . 2009 de Enero, 2009; 79(1):5-14. Recuperado 21 de Mayo, 2013 http://www.ncbi.nlm.nih.gov/pmc/articles/PMC3638200/#__ffn_sectitle

Conclusão

As políticas de saúde reprodutiva nos Estados Unidos restringem severamente a capacidade dos seus cidadãos de manterem o controlo sobre as suas vidas e os seus corpos. Embora o aborto e a contraceção sejam legais, as restrições em vigor tornam o seu acesso extremamente difícil para muitas mulheres. Ao limitar o acesso a estes aspectos dos cuidados de saúde reprodutiva, os EUA exageraram as dificuldades que muitos americanos já enfrentam, como a pobreza. Para que os EUA promovam verdadeiramente a igualdade entre os seus cidadãos, deve haver uma reforma dos actuais cuidados de saúde sexual disponíveis.

As pessoas mais afectadas pelo acesso limitado aos cuidados de saúde reprodutiva nos Estados Unidos são as mulheres. Embora as doenças sexualmente transmissíveis afectem tanto homens como mulheres, as mulheres são o único sexo capaz de engravidar. Esta capacidade pode ser vista tanto como uma dádiva como uma maldição. Se uma mulher for capaz de determinar quando traz ou não uma criança ao mundo, ganha também um maior controlo económico da sua vida. Embora o Patient Care and Affordable Care Act tenha dado um passo importante no sentido de proporcionar às mulheres o acesso a contraceptivos, os Estados ainda têm conseguido impedir que as mulheres utilizem contraceptivos, limitando o acesso físico aos dispositivos.

As mulheres com baixos rendimentos estão em extrema desvantagem quando se trata de aceder a cuidados de saúde adequados. Existem severas limitações ao aborto, tais como o custo elevado e as longas distâncias que algumas mulheres são obrigadas a percorrer para terem acesso a uma clínica. Os custos extremos de um aborto e da criação de um filho colocam as mulheres de baixos rendimentos em desvantagem. Uma atrocidade particular é o facto de as pílulas anticoncepcionais serem mais caras em áreas com rendimentos mais baixos. Ao obrigar as pessoas que já têm limitações financeiras a pagar mais dinheiro por algo que a maioria das pessoas pode obter a um custo mais baixo, o atual sistema de saúde perpetua as dificuldades económicas dessas mulheres. O facto de as políticas actuais não só não ajudarem as mulheres com baixos rendimentos, como as prejudicarem, constitui uma discriminação de facto contra as mulheres com baixos rendimentos.

As minorias raciais são também afectadas de forma desproporcionada pelas restrições impostas aos cuidados de saúde sexual. Dado o facto de as minorias raciais terem mais probabilidades de serem economicamente desfavorecidas. Apesar de os Estados Unidos terem jurado lutar contra a desigualdade racial, continuam a existir leis que prolongam a situação de desvantagem das minorias raciais americanas. Embora não existam leis que discriminem diretamente as pessoas de cor, ao não criar leis que permitam a esses grupos raciais prosperar, o governo dos Estados Unidos comete uma injustiça na luta pela igualdade racial.

As actuais políticas de cuidados de saúde sexual afectam negativamente todos os jovens dos Estados Unidos. Enquanto o sistema educativo existe para aumentar a capacidade dos estudantes de pensarem racionalmente e tomarem decisões inteligentes, parece que a educação para a saúde sexual tem outro objetivo: evitar as relações sexuais, independentemente de quê. Descobriu-se que a educação apenas para a abstinência que lhes é ministrada não consegue protegê-los contra as doenças sexualmente transmissíveis e a gravidez, encorajando mesmo mal-entendidos sobre a eficácia da contraceção. A educação apenas para a abstinência presta um mau serviço aos nossos jovens, não só porque promove informações falsas sobre o sexo e os contraceptivos, mas também porque promove crenças negativas e discriminatórias sobre a comunidade LGBT.

Para que os Estados Unidos promovam verdadeiramente a igualdade, tem de haver mudanças no atual sistema de cuidados de saúde reprodutiva. O clima político atual tem de passar da tentativa de facilitar as crenças morais dos seus cidadãos para a proteção do bem-estar físico e económico dos seus cidadãos. Se os EUA permitissem um maior acesso ao aborto, à contraceção e aos cuidados de saúde sexual, milhões de pessoas beneficiariam. Estudos demonstraram que a maioria das mulheres que sofrem gravidezes indesejadas referem que estariam dispostas a tomar contraceptivos se estes estivessem disponíveis. Ao proporcionar às mulheres de todas as raças e rendimentos uma contraceção adequada, evitar-se-iam milhares de gravidezes indesejadas, permitindo que milhares de mulheres recuperassem o controlo sobre os seus corpos. Os cuidados de saúde sexual abrangentes são também extremamente importantes, não só porque se verificou que diminuem a probabilidade de relações sexuais sem utilização de contraceptivos, mas também porque promoveriam uma melhor compreensão da comunidade LGBT e das dificuldades que esta pode enfrentar. Para que a igualdade triunfe verdadeiramente nos Estados Unidos, as políticas de cuidados de saúde sexual devem começar a proteger todos os cidadãos americanos.

Bibliografia

Aborto. (n.d.) *The American Heritage® Medical Dictionary*. (2007). Recuperado 24 de Mayo 2013 from http://medical-dictionary.thefreedictionary.com/abortion

Administração para Crianças e Famílias (2011). *Lei dos Cuidados ao Paciente e dos Cuidados Acessíveis: Programa de Educação para a Abstinência*: 93.235. Departamento de Saúde e Serviços Humanos

https://www.cfda.gov/?s=program&mode=form&tab=step1&id=9e59aef1537fc59 114fdf60adbe92d10

Akers, A., Gold, M., Borrero, S., Santucci, A., Schwarz, E. (Junio, 2010) Providers' perspectives on challenges to contraceptive counseling in primary care settings. *Journal of Women's Health (15409996), 19(6), 1163-1170. doi:10.1089/jwh.2009.1735*

Alford, S. (sin fecha) Programas de abstinência somente até o casamento: Ineficazes, antiéticos e de má saúde pública. Advocated for Youth. Puesto al d^a en 2007 por Keefe, J. Recuperado 21 de Mayo, 2013 http://www.advocatesforyouth.org/storage/advfy/documents/pbabonly.pdf

Allen, B. (28 de Marzo, 2013) AU defende mandato de controlo de natalidade. ABP News. Recuperado 23 de May0, 2013 http://www.abpnews.com/culture/politics/item/8347-au-defends-birth-control- mandate#. UZ 5j Re A7 ogt

Allina, A., Arons, J., & Barajas-Roman, M. E. (2012). Condições pré-existentes: Como as restrições à cobertura do aborto e a marginalização dos cuidados abriram caminho para o tratamento discriminatório do aborto na reforma da saúde e não só. *Reproductive Laws For the 21" Century Papers Center for Women Policy Studies*, Recuperado 18 Marzo, 2013

http://centerwomenpolicy.org/programs/health/statepolicy/documents/REPRO_PreExistingConditions Allina-Arons-Baraias-RomanFINAL.pdf

Amaral, G., Foster, D., Biggs, M., Jasik, C., Judd, S., & Brindis, C. D. (2007). Public Savings from the Prevention of Unintended Pregnancy: A Cost Analysis of Family Planning Services in California. *Health Services Research*, 42(5), 19601980. doi:10.1111/j.1475-6773.2007.00702.x

União Americana das Liberdades Civis (sin fecha). Oponha-se ao financiamento federal da educação apenas para a abstinência! Recuperado 21 de Mayo, 2013 http://www.aclu.org/oppose-federal-funding-abstinence-only-education

A Woman's Conern (sin fecha). Nossos Serviços. Recuperado 20 Mayo, 2013 http://www.awomansconcern.org/services.php

Boonstra, H. (2009). Os defensores apelam a uma nova abordagem após a era da educação "apenas para a abstinência". *Guttmacher Policy Review*, *12*(1). Recuperado 21 de Mayo, 2013 http://www.guttmacher.org/pubs/gpr/12/1/gpr120106.html

Brachear, M. (22 de maio, 2013) Obrigação de benefícios de controlo de natalidade ilegais, disse o tribunal de recurso. *Chicago Tribune*. Recuperado 22 de Mayo http://articles.chicagotribune.com/2013-05-22/news/chi-mandating-birthcontrol- benefits-unlawful-appeals-court-told-20130522_1_appeals-court-business- owners-obama-administration

Braveman P, Marchi K, Libet M, et al. (Enero 2010) Poverty, Near-Poverty, and Hardship Around the Time of Pregnancy. *Maternal & Child Health Journal* [serial online]. janeiro de 2010;14(1):20-35. Disponível em: Academic Search Alumni Edition, Ipswich, MA. Recuperado 22 de Mayo, 2013.

Breborowicz, GH (2001) Limits of fetal viability and its enhancement. Gravidez precoce.

5 de Enero 2001. (1):49-50

Center for American Progress (15 de Febrero 2012) Custos elevados do controlo de natalidade: Não é tão acessível quanto se pensa. Recuperado 23 de Mayo, 2013 http://www.americanprogress.org/issues/women/news/2012/02/15/11054/the- high-costs-of-birth-control/

Center for Reproductive Rights (2012) Jackson Women's Health Organization, et al. v. Mary Currier, et al. Recuperado 18 de Marzo 2013 http://reproductiverights.org/en/case/jackson-women's-health-organization-et-al- v-mary-currier-et-al

Clara Bell Duvall Project (n.d.) Abstinence-only education harms LGBT youth. União Americana das Liberdades Civis. Recuperado 21 de Mayo, 2013 http://www.aclupa.org/downloads/LGBT.pdf

Lei Comstock de 1873. (sin fecha) *West's Encyclopedia of American Law, edição 2.*

(2008). Recuperado 18 de Marzo, 2013

http://legaldictionary. thefreedictionary. com/Comstock+Law+of+1873

Conniff, R. (2011). Canceling Abortion Coverage [Cancelamento da cobertura do aborto]. *Progressive*, 75(7), 18-19.

Covert, B. (6 de maio, 2013) Os preços dos contraceptivos são mais elevados em algumas zonas de baixos rendimentos.

ThinkProgress. Recuperado 20 de Mayo, 2013 http://thinkprogress.org/economy/2013/05/06/1969931/birth-control-prices-low- income-areas/

Creanga, A., Shapiro-Mendoza, B., Bisch, C., Zane , S., Berg, C., & Callaghan, W.

(2011). Tendências na mortalidade por gravidez ectópica nos Estados Unidos: 1980-2007.

Obstetrics and Gynecology, doi: 117(4):837-43. doi: 10.1097/AOG.0b013e3182113c10.

Dennis A et al., *The Impact of Laws Requiring Parental Involvement for Abortion: A Literature Review,* Nova Iorque: Instituto Guttmacher, 2009.

Recuperado 20 de Mayo, 2013

http://www.guttmacher.org/pubs/ParentalInvolvementLaws.pdf

DeRuyter, K. (19 de Noviembre, 2012) Pharmacists refusing to dispense OTC birth control. *Minnesota Journal of Law, Science and Technology*. Recuperado 20 de Mayo, 2013

http://blog.lib.umn.edu/mjlst/mjlst/2012/11/pharmacists-refusing-to-dispense-otc- birth-control.html

Conselho Editorial (26 de abril de 2013) O ataque da Virgínia ao aborto faz uma vítima. *Washington Post* Recuperado 20 Mayo, 2013

http://articles.washingtonpost.com/2013-04-26/opinions/38843097 1 clínicas-planeadas-para-saúde-da-paternidade

Finer LB, Henshaw SK (2006). Disparities in rates of unintended pregnancy in the United States, 1994 and 2001 (Disparidades nas taxas de gravidez indesejada nos Estados Unidos, 1994 e 2001). *Perspectives on Sexual and Reproductive Health*. 2006;38:90-6.

Recuperado 22 de Mayo, 2013

http://onlinelibrary.wiley.com/store/10.1363/3809006/asset/3809006.pdf?v=1&t=hh6d4rwy&s=a0b897554a17ce51745f962657c880a3b6b4b2dc

Fitzgerald, K. (26 de abril de 2013) Milhões de americanos ainda sem seguro adequado, mostra o inquérito. *Notícias Médicas Hoje*. Recuperado 20 de Mayo, 2013 http://www.medicalnewstoday.com/articles/259748.php

Food and Drug Administration (19 de maio, 2009) Condoms: Barreiras às más notícias.

Recuperado 22 de Mayo, 2013

http://www.fda.gov/ForConsumers/ByAudience/ForPatientAdvocates/HIVandAIDSActivities/ucm126370.htm

Food and Drug Administration (24 de agosto, 2006) Decisão da FDA relativa ao Plano B: Perguntas e respostas. Última atualização 3 de abril, 2009.

Recuperado 23 de Marzo, 2013

http://www.fda.gov/drugs/drugsafety/postmarketdrugsafetyinformationforpatientsandproviders/ucm109795.htm

Food and Drug Administration (20 de Junio, 2013) FDA aprova o contracetivo de emergência Plan B One-Step para uso sem receita médica para todas as mulheres com potencial para engravidar. Recuperado 24 de Junio.

http://www.fda.gov/NewsEvents/Newsroom/PressAnnouncements/ucm358082.ht

Gonzalez, R. (2013, Enero 24). *A geografia do acesso ao aborto nos Estados Unidos*. Recuperado 20 de Mayo, 2013 http://io9.com/5978441/the-geography-of- abortion-access-in-the-united-states

Guttmacher Institute (1 de Mayo, 2013) Acesso de menores a serviços contraceptivos. *Políticas de Estado em Resumo*. Recuperado 23 de Mayo, 2013 http://www.guttmacher.org/statecenter/spibs/spib_MACS.pdf

Guttmacher Institute (1 de Mayo, 2013) Recusa de prestação de serviços de saúde. *Políticas de Estado em Resumo*. Recuperado 12 de Mayo, 2013

http://www.guttmacher.org/statecenter/spibs/spib_RPHS.pdf

Guttmacher Institute (1 de Mayo, 2013) Requisitos para a ultrassonografia. *Políticas estaduais em resumo* . Recuperado 12 de Mayo, 2013 http://www. guttmacher. org/statecenter/spibs/ spib RFU.pdf

Guttmacher Institute (1 de maio de 2013) State Funding for Abortion under Medicaid. *State Policies in Brief.* Recuperado 12 de Mayo 2013 http://www. guttmacher. org/statecenter/spibs/ spib SFAM.pdf

HealthCare.gov. (10 de maio, 2013) As mulheres e a Lei dos Cuidados Acessíveis

Recuperado 23 de Mayo, 2013

http://www.healthcare.gov/law/information-for-you/women.html

Horsley, N. (sin fecha) The Nuremberg Files. www.christiangallary.com Recuperado 12 de Mayo 2013 http://www.christiangallery.com/atrocity/

Howell, M (sin fecha). A história do financiamento federal da abstinência apenas. Advocates for Youth. Colocado à venda em 2001 por Keefe, J.

Recuperado 21 de Mayo, 2013

http://www.advocatesforyouth.org/storage/advfy/documents/fshistoryabonly.pdf

Hoye, S. & Hostin, S. (14 de maio de 2013) Médico considerado culpado de homicídio em primeiro grau em caso de aborto em Filadélfia. *CNN.* Recuperado 12 de Mayo, 2013 http://edition.cnn.com/2013/05/13/justice/pennsylvania-abortion-doctor- trial/index.html

Joffe, C. (2013). Roe v. Wade e mais além. *Dissent* (00123846), 60(1), 54-59.

Kelves, D. (22 de julho, 2001) The Secret History of Birth Control. *New York Times.*

Recuperado 10 de abril, 2013

http://www.nytimes.com/2001/07/22/books/the-secret-history-of-birth-control.html?pagewanted=all&src=pm

Kliff, S. Goldfarb, Z. (30 de abril, 2013) Venda livre da pílula do dia seguinte Plan B aprovada para maiores de 15 anos. *Washington Post.* Recuperado 20 de Mayo, 2013 http://articles.washingtonpost.com/2013-04-30/business/38931460 1 plan-b-one- step-obama-administration-pill

Lawless, J., Fox, R. (2012). Men Rule: The Continued Under-Representation of Women in Politics [A contínua sub-representação das mulheres na política]. Instituto Mulheres e Política. Washington DC. Universidade Americana. Recuperado 20 Junio, 2013 http://www.american.edu/spa/wpi/upload/2012-Men- Rule-Report-web.pdf

Lee, J.; Parisi, S.; Akers, A.; Borrerro, S., & Schwarz, E. (2011). The Impact of Contraceptive Counseling in Primary Care on Contraceptive Use [O Impacto do Aconselhamento Contracetivo nos Cuidados Primários na Utilização de Contraceptivos]. JGIM: Journal Of General Internal Medicine, 26(7), 731-736. doi:10.1007/s11606-011-1647-3 Recuperado 22 de Mayo, 2013 http://www.ncbi.nlm.nih.gov/pmc/articles/PMC3138576/

Projeto Mary Sanger Papert (3 de maio, 2010) Organizações de controlo de natalidade > Clínica de Brownsville/ Comité dos 100. Universidade de Nova Iorque. Recuperado 10 de Mayo 2013 http://www.nyu.edu/projects/sanger/secure/aboutms/organization brownsville cli nic.html

Maya (16 de maio de 2013). Legislador anti-escolha do Mississippi: Claro, as mulheres podem recorrer a abortos de cabide "mas hey ...". Feministing. Recuperado 20 de Mayo, 2013 http://feministing.com/2012/05/16/anti-choice-mississippi-lawmaker-sure- women-may-turn-to-coathanger-abortions-but-hey/

Medoff, M. H. (2010). State Abortion Policies, Targeted Regulation of Abortion Provider Laws, and Abortion Demand [Políticas Estaduais de Aborto, Regulamentação Específica das Leis sobre Provedores de Aborto e Demanda de Aborto]. *Review Of Policy Research*, 27(5), 577-594. doi:10.1111/j.1541-1338.2010.00460.x

Obstetrícia. (2013). En *Merriam-Webster.com.*

Recuperado 12 de Mayo, 2013, http://www.merriam-webster.com/dictionary/midwifery

Mosher, W.; Jones, J.; Abama, J. (24 de Julio, 2012) Intended and Unintended Births in the United States: 1982-2010. *National Health Statistics Reports*, 55. Puesto al d^a 20 de Diciembre, 2013. Recuperado 22 de Mayo, 2013 http://www.cdc.gov/nchs/data/nhsr/nhsr055.pdf

NARAL Pro-Choice America (sin fecha) Regulação direcionada dos prestadores de serviços de aborto (TRAP). Recuperado 20 Mayo, 2013 http://www.prochoiceamerica.org/what-is-choice/fast-facts/issues-trap.html

Federação Nacional de Empresas Independentes, et al. contra Kathleen Sebelius, Secretária da Saúde e dos Serviços Humanos, et al., 567 US ___ (2012)

Pichler, S. (Noviembre, 2009). Medical and Social Health Benefits Since Abortion was made Legal in the U.S. Planned Parenthood Federation of America.

Recuperado 20 de abril, 2013

http://www.plannedparenthood.org/files/PPFA/med_social_benefits_2009-11.pdf

Planned Parenthood of Southeastern Pennsylvania v Casey (1992) 505 U.S. 833 Recuperado 12 de Mayo 2013 https://bulk.resource.org/courts.gov/c/US/505/505.US.833.91-902.91-744.html

Preparado para o Deputado Henry A. Waxman (2004). The Content of Federally Funded Abstinence-Only Education Programs [O Conteúdo dos Programas de Educação sobre Abstinência Financiados pelo Governo Federal]. Câmara dos Representantes dos Estados Unidos, Comité de Reforma Governamental, Pessoal da Minoria, Divisão de Investigações Especiais; Washington D.C.

Recuperado 22 de Mayo, 2013

http://www.apha. org/apha/PDF s/HIV/The Waxman Report.pdf

Rose, M. (2007). Safe, legal, and unavailable? Abortion politics in the United States [Política de aborto nos Estados Unidos]. Washington, DC, EUA: CQ Press.

Rosenthal, E. (20 de abril, 2013). É hora de pílulas anticoncepcionais prontas para uso? *New York Times*. Recuperado 20 de Mayo, 2013 http://www.nytimes.com/2013/04/21/sunday-review/is-it-time-for-off-the-shelf- birth-control-pills.html?pagewanted=all&_r=1&

Sauberman, J. (14 de Marzo, 2002) Ericksonv. Bartell Drug Co. 141 F. Supp. 2d 1266 (W.D. Wash. 2001). *American University Journal of Gender, Social Policy & the Law*. Volume 10 Número 1, pp. 233-241 Recuperado 23 de Marzo, 2013 http://www.wcl.american.edu/journal/genderlaw/10/10-1saubermann.pdf

Conselho de Educação de Informação sobre Sexualidade dos Estados Unidos (sin fecha). A Brief History of Federal Funding for Sex Education and Related Programs (Uma breve história do financiamento federal para educação sexual e programas relacionados). Recuperado 23 de Mayo, 2013 http://www.siecus.org/index.cfm?fuseaction=page.viewPage&pageID=1341&nod eID=1

Conselho de Educação em Informação sobre Sexualidade dos Estados Unidos (sin fecha). Perguntas e Respostas sobre Educação em Sexualidade. Recuperado 22 de Mayo, 2013 http://www.siecus.org/index.cfm?fuseaction=page.viewpage&pageid=521&grand parentID=477&parentID=514

Centro de Informação e Educação em Sexualidade dos Estados Unidos (sin fecha). Apoie a Lei de Educação Real para Jovens Saudáveis. Recuperado 21 de Mayo, 2013 http://www.siecus.org/index.cfm?fuseaction=page.viewPage&pageID=1347&nod eID=1

Conselho de Educação para a Informação sobre Sexualidade dos Estados Unidos (Octubre, 2007). Do nosso lado: Public Support for Comprehensive Sexuality Education. Recuperado 21 de Mayo, 2013.

http://www.siecus.org/_data/global/images/public_support.pdf

Sexuality Information Education Council of the United States (outubro de 2007). Em boa companhia: Quem apoia a Educação Integral em Sexualidade? Recuperado 21 de Mayo, 2013 http://www.siecus.org/_data/global/images/in_good_company.pdf

Conselho de Saúde do Texas (2003). A Woman's Choice. Dell Publishing Company. Recuperado 12 de Mayo 2013 http://www.guttmacher.org/statecenter/spibs/spib_MWPA.pdf

O Projeto de Acesso ao Aborto (junho, 2003). O impacto do aborto ilegal. Recuperado 20 de abril, 2013 http://www.ourbodiesourselves.org/book/companion.asp?compID=100&id=20

A Emenda Hyde. Comité Nacional para uma Emenda à Vida Humana.

abril de 2008. Recuperado 18 de Marzo, 2013

http://www.nchla.org/datasource/ifactsheets/4FSHydeAm22a.08.pdf

Thomson Healthcare (2008). Os custos de saúde de ter um bebé. The March of Dimes. Recuperado 22 de Mayo, 2013 http://www.marchofdimes.com/downloads/The_Healthcare_Costs_of_Having_a _Baby.pdf

Trussell, J.; Lalla, A.; Doan, Q.; Reyes, E.; Pinto, L.; Gricard, J. (2009). Cost effectiveness of contraceptives in the United States (Custo-eficácia dos contraceptivos nos Estados Unidos). *Contraception* . 2009 de Enero, 2009; 79(1):5-14. Recuperado 21 de Mayo, 2013 http://www.ncbi.nlm.nih.gov/pmc/articles/PMC3638200/#__ffn_sectitle

Assembleia Geral das Nações Unidas (1965). Convenção sobre a Eliminação de Todas as Formas de Discriminação Racial. Resolução 2106 (XX), 21 de dezembro de 1965.

Recuperado 3 Mayo, 2013

http://www.ohchr.org/EN/ProfessionalInterest/Pages/CERD.aspx

Gabinete do Censo dos EUA. (2009). Médicos por sexo e especialidade: 2009.

Recuperado 3 Mayo, 2013

http://www.census.gov/compendia/statab/2012/tables/12s0164.pdf

Vozella, L. (13 Septiembre, 2012) Virginia health board reverses its decision on abortionclinic rules. *Washington Post*. Recuperado 3 Mayo, 2013

http://www.washingtonpost.com/blogs/virginia-politics/post/virginia-health- board-reconsiders-abortion-clinic-regs/2012/09/13/d83ecf32-fe05-11e1-8adc-499661afe377_blog.html

Walden, Brianna (6 de abril, 2011) State of abortion clinic regulations in the States.

Centro de Pesquisa da Família. Recuperado 3 de Mayo, 2013

http://www.frcblog.com/2011/04/state-of-abortion-clinic-regulations-in-the-states/

Youngs Rubber Corporation, Inc., contra C.I. Lee & CO., Inc., et al 45 F.2d 103 (1930)

Recuperado 10 de Mayo, 2013

http://www.leagle.com/xmlResult.aspx?page=2&xmldoc=193014845F2d103 111

8 .xml&docbase=CSLWAR1 -1950-1985& SizeDisp=

MIX
Papier aus verantwortungsvollen Quellen
Paper from responsible sources
FSC® C105338

Printed by Books on Demand GmbH, Norderstedt / Germany